Kartoffelrädle

64

54

Laubfrösche

126

Ofenschlupfer

Bierfleisch

80

Wulf Wager (Hrsg.)
und Johannes Guggenberger

KOCHEN IM LÄNDLE

belser

Kochen im Ländle

Auf dem Flickenteppich des von Kleinstaaterei geprägten Südwestens herrschte im 18. und 19. Jahrhundert oft der Schmalhans als Küchenmeister. Realteilung in Württemberg ließ die Höfe immer kleiner werden, raue Landschaften im Schwarzwald und auf der Alb brachten wenig Erträge. Karge Kost war angesagt. Darüber hinaus verfügten strenge Fastenzeiten eine partielle genießerische Enthaltsamkeit. Keine guten Voraussetzungn also für kulinarische Höhenflüge. Und trotzdem – oder gerade deswegen – haben sich im Ländle Spezialitäten entwickelt. Sie entstanden, wie die Maultaschen, um die klerikale Obrigkeit mit ihren Vorschriften auszutricksen. Oder, wie der Alemannische Bettelmann oder die Strauben, durch den Wunsch, aus dem Wenigen, das es gab, etwas ganz Besonderes zu machen. Heute ist das Ländle das Genießerland Nummer eins.

Der begeisterte **Mein Ländle**-Koch und -Fotograf Johannes Guggenberger hat sich – obwohl gebürtiger Österreicher – voll in das Thema geworfen, alte Kochbücher gewälzt, Bekanntes und Unbekanntes ausgesucht, verfeinert, mit Erfahrung gewürzt, ergänzt, kombiniert und so fantastische Rezepte, die gut nachzukochen sind, kreiert. Natürlich stammen alle Zutaten dazu auch aus der jeweiligen Region. Insofern bietet dieses Kochbuch einen wunderbaren Überblick über die Spezialitäten Baden-Württembergs. Wir haben die schönsten Rezepte aus der Zeitschrift **Mein Ländle** für Sie zusammengefasst und wünschen einen recht guten Appetit!

Ihr

Wulf Wager

Inhalt

Frische Salate und Suppen

Herzhaftes und Rezentes

Süßes und Fruchtiges

Frische Salate *und* Suppen

Alblinsen-Salat

mit Schafskäse und Radieschen

Alb-Leisa

Fast waren sie verschwunden, die Späth'schen Alblinsen, bis sie auf Betreiben des Biologen und Landwirts Woldemar Mammel aus Lauterach 2006 in einer Saatgutbank in Sankt Petersburg wiedergefunden wurden. Von dort bekam er etwa 350 Körnchen der Alblinsen. Jahr für Jahr vermehrte er sie mithilfe von Fachleuten. Damit begann ein Siegeszug dieser typischen köstlichen schwäbischen Linse, den sich Mammel selbst kaum vorstellen konnte. Mittlerweile baut eine Erzeugergemeinschaft die leckere Delikatesse rein biologisch an.

Zutaten für 4 Personen:

- 140 g Linsen von der Schwäbischen Alb
- 1 Bund Frühlingszwiebeln
- 1 Bund Radieschen
- 1/2 Bund glatte Petersilie
- 120 g Schafskäse
- Weinessig
- Rapsöl
- Salz
- Pfeffer aus der Mühle
- 1 Prise Zucker

Tipps zum Rezept

Tipp 1: Mit Knoblauch geröstetes Weißbrot schmeckt fantastisch zum Alblinsen-Salat, aber auch jede andere Brotsorte ist geeignet.

Tipp 2: Anstelle von Schafskäse passt auch ein in Würfel geschnittener Bergkäse aus dem Allgäu sehr gut.

Tipp 3: Linsen aus Baden Württemberg gibt es in verschiedenen Sorten. Versuchen Sie auch einmal die würzigen schwarzen Belugalinsen. Diese Sorte wird im Heckengäu angebaut.

Nach dem Kochen die bissfesten Linsen mit kaltem Wasser abschrecken, damit sie nicht nachgaren

Zubereitung

1. Die Linsen bissfest kochen, dann mit kaltem Wasser abschrecken und in einem Sieb abtropfen lassen.

2. Währenddessen Frühlingszwiebeln und Radieschen putzen, waschen und in dünne Scheiben schneiden. Die Petersilie waschen und fein hacken, den Schafskäse mit einer Gabel etwas zerbröseln.

3. Die abgetropften Linsen in ein passendes Gefäß geben, Radieschen- und Frühlingszwiebel-Scheiben, Petersilie und Schafskäse hinzufügen. Aus Essig, Rapsöl, Salz, Pfeffer, etwas Wasser und Zucker ein rezentes Dressing herstellen, zum Salat geben und alles vermischen.

Mit Knoblauch geröstetes Weißbrot passt bestens zum Linsensalat.

Raidwanger Spargelsalat

Zutaten für 4 Personen:

- 4 Eier
- 500 g weißer Spargel
- 500 g grüner Spargel
- 4 Frühlingszwiebeln
- 1 kleiner Bund Schnittlauch
- 1 kleiner Bund glatte Petersilie
- 2 Handvoll Kresse
- Salz
- 1 Prise Zucker
- Pfeffer aus der Mühle
- Weißweinessig (Menge nach Geschmack)
- etwas Wasser
- 3–4 EL Rapsöl

Tipps zum Rezept

Tipp 1: Grüner Spargel muss nicht geschält werden.

Tipp 2: Man kann diesen Salat auch nur aus weißem oder nur aus grünem Spargel zubereiten. Wer beide Sorten verwendet, sollte – wie im Rezept beschrieben – weißen und grünen Spargel separat kochen, da die Garzeiten zu unterschiedlich sind.

Tipp 3: Dem Kochwasser für den Spargel wird gern etwas Zitronensaft hinzugefügt, was bei weißem Spargel in Ordnung ist. Bei grünem Spargel hingegen bitte keine Säure verwenden, da sonst die schöne grüne Farbe verloren geht.

Tipp 4: Anstatt Kresse kann man für dieses Rezept auch jede andere Blattsalat-Sorte verwenden.

Tipp 5: Etwas Muskatnuss macht den Spargelsalat sehr delikat, vorausgesetzt, man mag diesen speziellen Geschmack. Nach dem Anrichten nur einen Hauch Muskatnuss über den Spargelsalat reiben.

Mit dem richtigen Werkzeug und etwas Geduld ist Spargelschälen ein Kinderspiel.

Eier zu Spargel – eine bewährte, wohlschmeckende Kombination

Kratzete passt prima zum Spargelsalat.

Zubereitung

1. Die Eier in leicht kochendem Wasser ca. 7 Min. kochen, anschließend unter kaltem Wasser abschrecken.

2. Den weißen Spargel schälen, unten ca. 3 cm abschneiden. Die Stangen in mundgerechte Stücke schneiden, die Stücke mit den Spargelspitzen beiseitelegen. Vom grünen Spargel unten ca. 3 cm abschneiden, die Stangen ebenfalls in Stücke schneiden und die mit den Spargelspitzen ebenfalls beiseitelegen. Die beiden Spargelsorten separat halten.

3. Zunächst den weißen Spargel garen: In einem Topf mit heißem Salzwasser die Spargelstücke (ohne die Spargelspitzen) 5 Min. kochen lassen, dann die Stücke mit den Spargelspitzen hinzufügen und zusammen bissfest kochen. Spargel aus dem Kochwasser nehmen, in Eiswasser legen und abkühlen lassen.

4. Nun mit dem grünen Spargel ebenso verfahren, zum Schluss aber nicht zu lange kochen, er ist schneller gar. Schließlich alle Spargelstücke auf Küchenkrepp legen und etwas trocknen lassen.

5. Frühlingszwiebeln putzen, waschen und in dünne Scheiben schneiden. Kräuter putzen und waschen, den Schnittlauch in dünne Röllchen schneiden, die Petersilie fein hacken. Kresse waschen und abtropfen lassen. Die hart gekochten Eier schälen, 2 Eier klein hacken. Die anderen beiden Eier achteln und bis zur weiteren Verwendung beiseitestellen.

6. Gehackte Eier, Petersilie, Schnittlauchröllchen, Frühlingszwiebelscheiben und Kresse in ein passendes Gefäß geben. Aus Salz, Zucker, Pfeffer, Essig, etwas Wasser und Öl ein rezentes Dressing herstellen, darübergießen und vermischen. Die Spargelstücke dazugeben, vermengen und 5 Min. ziehen lassen. Anrichten und mit den geachtelten Eiern dekorieren. Dazu geröstetes Weißbrot servieren. Sehr gut passen auch Bratkartoffeln oder Kratzete (siehe S. 54 und S. 112).

Oberschwäbische Wurstknöpfle

in der Rinderbrühe

Zutaten für 4 Personen:

Für die Brühe:
- 1 Zwiebel
- 600 g Rindfleisch (Schultermittelblatt, Beinscheiben oder Brust)
- 1,5 kg gehackte Rinderknochen
- 2 Lorbeerblätter
- etwas frisch geriebene Muskatnuss
- 1 Prise Salz
- 3–5 Wacholderbeeren
- 3 Karotten
- 1/2 Sellerieknolle
- 1 Stange Lauch
- 1/2 Bund glatte Petersilie
- 1 Bund Liebstöckel
- 1 Bund Schnittlauch

Für die Wurstknöpfle:
- 400 g Mehl
- 4 Eier
- Salz
- 1 Prise frisch geriebene Muskatnuss
- 300–400 g gerauchte Schinkenwurst
- 2 kleinere Zwiebeln
- 1/2 Bund glatte Petersilie
- 70 g kleine Weißbrotwürfel
- etwas Milch
- 40 g Butterschmalz
- Pfeffer aus der Mühle

Angebratene Zwiebel und Gemüse geben der Brühe zusätzlich Würze und Geschmack.

Die kurz aufgekochten Knochen werden wie das Fleisch mit kaltem Wasser abgebraust.

Was wäre eine gute Brühe ohne Suppengemüse?

Zubereitung

1. Die Zwiebel für die Rinderbrühe schälen, quer halbieren und in einer Pfanne ohne Fett mit dem Anschnitt nach unten dunkel anbraten. Die Zwiebelhälften zur Seite stellen.

2. Das Rindfleisch zusammen mit den gehackten Rinderknochen in einem passenden Topf mit Wasser bedeckt einmal kurz aufkochen lassen. Anschließend Rindfleisch und Knochen in ein Sieb geben, das verwendete Wasser wird nicht mehr gebraucht. Fleisch und Knochen mit kaltem Wasser abbrausen, in einen größeren Topf geben, mit kaltem Wasser auffüllen, bis Fleisch und Knochen gut bedeckt sind. Bei mittlerer Hitze auf dem Herd erwärmen, bis das Suppenwasser den Siedepunkt erreicht hat. Die angesetzte Brühe sollte auf keinen Fall während des gesamten Kochvorgangs wallend kochen. Nach ca. 30 Min. Kochzeit die vorher angebratenen Zwiebelhälften, die Lorbeerblätter, Muskatnuss, Salz sowie Wacholderbeeren hinzufügen. Während des Kochvorgangs immer wieder den Schaum auf der Oberfläche mit einer Schöpfkelle entfernen. Da die Brühe etwas einkocht, während des Kochens immer wieder etwas Wasser zugießen. Karotten, Sellerie und Lauch schälen bzw. putzen, Karotten und Lauch in Scheiben schneiden, Sellerie würfeln. Petersilie, Liebstöckel und Schnittlauch waschen, ebenso wie das Gemüse zur Seite stellen.

3. Für die Wurstknöpfle aus Mehl, Eier, einem Schuss Wasser, etwas Salz und Muskatnuss einen nicht zu dicken Teig (wie Spätzleteig) herstellen.

4. Die gerauchte Schinkenwurst in kleine Würfel schneiden. Die Zwiebeln schälen und ebenfalls würfeln, die Petersilie fein hacken. Die Weiß-

Eine würzige Mischung für die Knöpfle: Zwiebel, viel gerauchte Schinkenwurst und Petersilie

Der Teig für die Knöpfle sollte wie ein Spätzleteig beschaffen sein. Dann kommt noch viel Schinkenwurst hinzu.

Schwimmen die Knöpfle im Salzwasser obenauf, dann sind sie fast gar.

Zweckmäßig: die gegarten Wurstknöpfle auf einem Backblech ablegen

brotwürfel in einer Pfanne ohne Fettzugabe von allen Seiten etwas anrösten, in eine Schüssel geben und mit etwas Milch tränken. Ca. 5 Min. ziehen lassen, ausdrücken und zum Knöpfleteig hinzufügen. In einer heißen Pfanne mit Butterschmalz Zwiebel- und Schinkenwurstwürfel anschwitzen, zum Schluss die gehackte Petersilie hinzufügen. Die Masse erkalten lassen, zum Knöpfleteig geben, mit Pfeffer würzen und gut durchmengen. Den fertigen Teig etwa 10 Min. ruhen lassen.

5. In einem größeren Topf Salzwasser zum Kochen bringen. Mit zwei Teelöffeln einzelne Wurstknöpfle formen, ins siedende Wasser geben und kochen lassen, bis sie obenauf schwimmen. Noch ca. 2–3 Min. ziehen lassen, dann aus dem Wasser nehmen. Die fertigen Wurstknöpfle auf ein Brett oder Blech legen.

6. Nach 1 1/2 – 2 Stdn. Kochzeit der Rinderbrühe – das Fleisch sollte bereits weich sein – Karotten- und Lauchscheiben, Selleriewürfel, Petersilie und Liebstöckel dazugeben und 20 Min. mitkochen lassen. Anschließend die Brühe durch ein Küchentuch in einen Topf abseihen; es sollten etwa 1 1/2 l fertige Brühe sein. Das Fleisch anderweitig verwenden. Mit Salz abschmecken, die Wurstknöpfle dazugeben und nochmals erwärmen. Schnittlauch in feine Röllchen schneiden und beim Anrichten über die Wurstknöpfle streuen.

Zum Abseihen der Brühe am besten ein Küchentuch verwenden

Tipps zum Rezept

Tipp 1: Dunkel angebratene Zwiebelhälften geben einer Brühe eine würzige Geschmacksnote und eine schöne Farbe.

Tipp 2: Den beim Kochen der Brühe entstehenden Schaum immer gleich mit einem Schöpf- oder Schaumlöffel abschöpfen. So wird die Brühe nicht trübe.

Tipp 3: Das gekochte Fleisch lässt sich kalt wunderbar zu einem Rindfleischsalat verarbeiten.

Tipp 4: Übrig gebliebene Brühe kann man sehr gut eingefrieren.

Tipp 5: Muskatnuss immer frisch gerieben verwenden. Ihr Aroma ist unvergleichlich besser als das von Muskatpulver aus der Dose.

Tipp 6: Zu dem Gericht schmeckt ein Kartoffelsalat hervorragend.

Tipp 7: Wurstknöpfle sind aber auch angebraten mit einer Zwiebelschmälze, dazu ein angemachter Kopfsalat, sehr lecker.

Markgräfler *Narrensupp'*

Zutaten für 4 Personen:

- 1 Zwiebel
- 1 kg Ochsenbrust oder Tafelspitz
- 500 g Rinderknochen
- 3 Lorbeerblätter
- 8 Wacholderbeeren
- Salz
- 120 g Suppennudeln
- 3 Karotten
- 1/2 kleinere Sellerieknolle
- 1 Stange Lauch
- 1 kleiner Bund Liebstöckel
- 1 Bund Schnittlauch
- Pfeffer aus der Mühle
- 1 Prise frisch geriebene Muskatnuss

Fasnet

Die traditionelle schwäbisch-alemannische Fasnet ist der vitalste Brauch im Ländle. Niemals zuvor kleideten sich so viele „narrete" Menschen in die historischen und neu gestaltete Narrenkleider, die hierzulande „Häs" heißen, wie heute. Sie hängen sich schwere Glocken um und ziehen eine Holzmaske vors Gesicht. Zwischen Dreikönig und Aschermittwoch gibt es zahlreiche Narrentreffen, aber die Haupttage beginnen am Schmotzigen Donnerstag und gehen bis Aschermittwoch. An diesen Tagen wird reichhaltig gegessen. Der Schmotzige oder Schmutzige Donnerstag hat seinen Namen gar vom Fett (Schmotz), in dem an diesem Tag die Fasnetsküchle gebacken werden. Danach beginnt dann die Fastenzeit, in der Schmalhans Küchenmeister ist.

Die dunkel angebratene Zwiebel gibt an die Brühe Röstaromen ab.

Zubereitung

1. Die Zwiebel schälen, quer halbieren und mit der Anschnittseite in eine heiße Pfanne legen. So lange braten lassen, bis die Zwiebelhälften dunkelbraun bis schwarz geworden sind. Anschließend aus der Pfanne nehmen und bis zur weiteren Verwendung zur Seite stellen.

2. Das Rindfleisch kalt abbrausen und mit Küchenkrepp trocken tupfen. Die Rinderknochen zusammen mit dem Rindfleisch in einen Topf geben, mit Wasser auffüllen, bis Fleisch und Knochen bedeckt sind, und einmal aufkochen lassen. Danach abseihen und das Kochwasser wegschütten. Rinderknochen und Rindfleisch mit kaltem Wasser abschrecken.

3. Knochen und Fleisch erneut mit kaltem Wasser gut bedeckt in einem Topf ansetzen. Lorbeerblätter, Wacholderbeeren, angeschwärzte Zwiebelhälften sowie 1 Prise Salz dazugeben. Erhitzen und bei kleiner Flamme etwa 2 Stdn. leicht köcheln lassen, bis das Rindfleisch weich geworden ist. Zwischendurch immer wieder einmal den entstandenen Schaum mit einem Schaumlöffel abschöpfen, damit die Suppe nicht trübe wird.

4. Inzwischen die Suppennudeln in Salzwasser bissfest weich kochen, in ein Sieb gießen und mit kaltem Wasser abschrecken. Abtropfen lassen und beiseitestellen.

5. Die Karotten sowie den Sellerie schälen, die Lauchstange putzen, aber das Gemüse nicht zerkleinern. Zusammen mit dem Liebstöckel in den letzten 30 Min. Kochzeit zur Suppe geben und mitkochen.

Beste Zutaten für eine kräftige Suppe

Das Gemüse wird geputzt, aber erst nach dem Garen zerkleinert.

Die klassischen Suppennudeln dürfen nicht fehlen.

Für große und kleine Narren zur Stärkung – Narri-Narro!

6. Das weich gekochte Rindfleisch und das Gemüse aus der Suppe nehmen. Fleisch und Sellerie in Würfel, Karotten und Lauch in Scheiben, den Schnittlauch in dünne Röllchen schneiden.

7. Die Brühe durch ein Haarsieb gießen, die Rinderknochen werden nicht mehr benötigt. Die durchgesiebte Suppe mit Salz, Pfeffer und Muskatnuss abschmecken.

8. Rindfleisch- und Selleriewürfel, Karotten- und Lauchscheiben auf vier Teller verteilen, jeweils gekochte Suppennudeln dazugeben. Mit der heißen Brühe aufgießen und den Schnittlauchröllchen bestreuen. Fertig ist die Narrensupp'!

Herzhaftes
und Rezentes

Linsen und Spätzle

mit Saitenwürstle und Speck

Zutaten für 4 Personen:

Für die Linsen:
- 70 g von der Karotte
- 70 g von der Sellerieknolle
- 1/2 Lauchstange
- 1 ganze und 1/2 Zwiebel
- 3 Nelken
- 1 Lorbeerblatt
- 80 g Butterschmalz
- 30 g Tomatenmark
- 700 ml Gemüsebrühe
- 300–400 g Linsen
- 4 Scheiben à 100 g roher geräuchter Schweinebauch
- 50 g Mehl
- Salz
- Pfeffer aus der Mühle
- 1 Prise Zucker
- Weinbrandessig (nach Geschmack)
- 4 Paar Saitenwürstle

Für die Spätzle:
- 500 g Mehl
- 6 Eier
- Salz
- evtl. etwas Butterschmalz zum Schwenken

Feinarbeit: Gemüse schön klein würfeln

Ein „Gewürzbömbchen", das nicht fehlen darf

Für die Fleischliebhaber ein dickes Stück Schweinebauch ...

Zubereitung

1. Karotte, Sellerie, Lauch und Zwiebeln putzen bzw. schälen oder waschen. Alles in kleine Würfel schneiden, außer der halben Zwiebel. Diese mit Nelken spicken, dabei das Lorbeerblatt mit befestigen.

2. Etwa 30 g Butterschmalz in einem größeren Topf erhitzen und die Zwiebelwürfel darin anschwitzen. Tomatenmark hinzufügen und gut durchrösten. Vorsicht, das Tomatenmark nicht anbrennen lassen; es sollte eine schöne bräunlich dunkelrote Farbe annehmen. Dann sofort mit der Gemüsebrühe aufgießen, die Linsen einrühren, den Schweinebauch und die gespickte Zwiebel einlegen. Topf abdecken und leicht köcheln lassen.

3. In der Zwischenzeit die Spätzle zubereiten. Mehl mit Eiern, Salz und ganz wenig Wasser zu einem Teig verarbeiten. Diesen so lange schlagen, bis er glatt ist und Blasen wirft. In einem größeren Topf Salzwasser zum Kochen bringen. Teig von Hand hineinschaben oder eine Spätzlemaschine verwenden. Sobald die Spätzle oben schwimmen, mit dem Schaumlöffel herausheben und warm stellen. Oder kurz vor dem Anrichten in etwas heißem Butterschmalz schwenken.

4. In einer heißen Pfanne mit je 50 g Butterschmalz und Mehl eine dunkle, nicht zu dicke Mehlschwitze herstellen und beiseitestellen.

5. Ist der Schweinebauch in den Linsen weich gekocht, diesen herausnehmen und bei 80 °C warm stellen. Auch die gespickte Zwiebel entnehmen. Sellerie- und Karottenwürfel in die Linsen einrühren, weiter köcheln lassen. Sollte Flüssigkeit fehlen, etwas Gemüsebrühe zugießen.

Nicht nur der Schwaben liebste Beilage: Spätzle, möglichst handgeschabt

Und ganz zum Schluss noch die Saitenwürstchen erhitzen

6. Sind die Karotten- und Selleriewürfel bissfest weich gekocht, die Lauchwürfel hinzufügen und alles noch 2 Min. leicht kochen lassen. Zum Schluss mit der dunklen Mehlschwitze zur gewünschten Dicke abbinden. Die fertigen Linsen mit Salz, Pfeffer, Zucker sowie einem guten Schuss Essig abschmecken.

7. Die Saitenwürstchen in leicht gesalzenem Wasser bei 80 °C erhitzen.

8. Die Linsen in eine große Terrine schöpfen, darauf die Saitenwürstchen und Schweinebauchscheiben legen. Die Spätzle separat dazu servieren.

Tipps zum Rezept

Tipp 1: Die Mehlschwitze sollte nicht zu dick geraten; so verteilt sie sich wesentlich besser beim Abbinden der Linsen.

Tipp 2: Nicht zu viel von der Mehlschwitze verwenden, denn Hülsenfrüchte wie Linsen dicken nach einer gewissen Standzeit noch wegen ihres hohen Stärkegehalts nach.

Tipp 3: Am besten stellt man noch Essig zum Nachwürzen auf den Tisch, denn so mancher mag Linsen richtig sauer abgeschmeckt.

Maulbronner Maultaschen

mit geschmälzten Zwiebeln
und Kartoffelsalat

Zutaten für 4–6 Personen:

Für die Maultaschen:

- 2 Brötchen vom Vortag
- 300 g TK-Blattspinat oder 1,5 kg frischer Spinat
- etwas Milch
- 2 Zwiebeln
- 50 g geräuchter Bauchspeck
- 1–2 Zehen Knoblauch
- 1 1/2 Bund glatte Petersilie
- Eiswasser zum Abschrecken
- 500 g Hackfleisch, gemischt vom Schwein und Rind
- 40 g Butterschmalz
- 4 Eier
- Salz
- Pfeffer aus der Mühle
- 1 Prise Muskatnuss
- 500 g Nudelteig, selbst hergestellt oder vom Bäcker
- 1 Ei
- etwa 6 l Salzwasser
- 4 Zwiebeln
- 2 EL Butterschmalz
- evtl. etwas Brühe

Für den Kartoffelsalat einschließlich Rinderbrühe:

- 1 kg Rinderknochen, gehackt
- 1 kg Kalbsknochen, gehackt
- Rindfleischabschnitte, wenn vorhanden
- 1 Zwiebel
- 2 Lorbeerblätter
- 4 Wacholderbeeren
- 4–5 l Wasser
- 1,5 kg Suppenfleisch vom Rind
- 1 Sellerieknolle mit Grün
- 1–2 Petersilienwurzeln
- 2–3 Karotten
- 1 Stange Lauch
- 1 Bund glatte Petersilie
- 1/2 Bund Liebstöckel
- Salz
- 1,5 kg festkochend Kartoffeln
- 1 Zwiebel
- hochwertiges Sonnenblumenöl
- Essig
- evtl. Senf
- Pfeffer aus der Mühle
- Schnittlauch

Zubereitung Maultaschen und Zwiebelschmälze

1. Brötchen in kleine Würfel schneiden und in wenig lauwarme Milch einlegen. Geschälte Zwiebeln und Bauchspeck klein würfeln, Knoblauch und Petersilie fein hacken. TK-Spinat auftauen lassen bzw. den geputzten frischen Spinat in heißem Salzwasser kurz blanchieren, mit Eiswasser abschrecken. Spinat sehr gut ausdrücken und klein hacken.

2. Das Hackfleisch in eine größere Schüssel füllen. In einer großen Pfanne Butterschmalz erhitzen, Speck-, Zwiebelwürfel und Knoblauch anschwitzen und ohne dass sie Farbe annehmen etwa 5 Min. dünsten. Petersilie dazugeben, kurz schwenken und sofort vom Herd nehmen. Die Zwiebelmasse abkühlen lassen, dann zum Hackfleisch hinzufügen. Die eingeweichten Brötchenwürfel sehr gut ausdrücken und mit Spinat und Eiern zur Hackfleischmasse geben, mit Salz, Pfeffer und Muskatnuss würzen und alles gut mit den Händen zu einem Brät vermengen. Anschließend davon zur Probe eine kleine Kugel formen und diese in leicht kochendem Salzwasser etwa 4 Min. garen lassen. Kosten und bei Bedarf das Brät nachwürzen.

3. Den Nudelteig ausrollen, die Maultaschenfüllung ganzflächig verstreichen, jedoch an den Teigränder frei lassen. Die Ränder mit verquirltem Ei bestreichen, eine Längsseite des Teigs nach oben über die Mitte hinaus einschlagen, anschließend die andere Längsseite des Teigs darüberlegen. Die obere Seite etwas andrücken und die gefüllte Teigplatte in einzelne Maultaschen schneiden. Wer die Maultaschen an den Rändern geschlossen haben möchte, gibt das Brät portionsweise und in Abständen auf die eine Hälfte der ausgerollten Nudelteigplatte und schlägt die andere Hälfte darüber. Die brätfreien Zwischenräume festdrücken, zu einzelnen Maultaschen schneiden.

Die Maultaschen garen in einem Topf mit viel Salzwasser und kühlen dann aus.

4. Die Maultaschen in siedendem Salzwasser in etwa 4 Min. garen, herausnehmen und auf einem Gitter bis zur weiteren Verwendung auskühlen lassen.

5. Die geschälten Zwiebeln für die Schmälze in Scheiben schneiden, diese in einer größeren Pfanne in heißem Butterschmalz leicht anbraten, Hitze reduzieren und abschmälzen. Dazu immer wieder etwas Brühe oder Wasser hinzufügen, damit die Zwiebelscheiben nicht verbrennen. Zum Schluss soll alle Flüssigkeit verdampft sein.

Im Nudelteig wird eine leckere Füllung aus Hackfleisch, Spinat und Brötchenwürfeln versteckt.

Zubereitung Kartoffelsalat einschließlich Rinderbrühe

1. Die gehackten Knochen und die Rindfleischabschnitte in heißem Wasser blanchieren, anschließend das Wasser abgießen. Knochen und Rindfleischabschnitte mit kaltem Wasser abbrausen. Die geschälte Zwiebel halbieren und in einer Pfanne anbräunen. Zwiebel, Knochen, Lorbeerblätter, Wacholderbeeren und 4–5 l kaltes Wasser in einen großen Topf geben und alles etwa 1 Std. leicht köcheln lassen. Das Suppenfleisch vom Rind in die Knochenbrühe legen, alles weiter köcheln lassen, bis das Fleisch weich geworden ist. Die Kochzeit variiert je nach Beschaffenheit des Fleisches. Eventuell Wasser nachgießen, alle Zutaten müssen immer mit genügend Flüssigkeit bedeckt sein. Das Fleisch herausnehmen.

2. In der Zwischenzeit das Gemüse putzen, Sellerie und Petersilienwurzeln vierteln, Karotten halbieren, Lauch in dicke Scheiben schneiden und die Kräuter waschen. Alles zusammen sowie Salz zur Brühe geben und weitere 40 Min. am Siedepunkt (also nicht wallend kochen) ziehen lassen. Bei Bedarf etwas Wasser nachgießen, sodass zum Schluss 1,5–2 l Rinderbrühe übrig bleiben.

3. Die Brühe durch ein feines Küchentuch seihen. Etwa 0,5 l davon für den Kartoffelsalat bis zur Hälfte einkochen lassen. Die restliche Brühe anderweitig verwenden, zum Beispiel für eine Flädlesuppe, oder in Portionen einfrieren. Das gekochte Rindfleisch als Suppeneinlage verwenden oder daraus, kalt und in dünne Scheiben geschnitten, saures Rindfleisch oder einen Rindfleischsalat zubereiten.

4. Die Kartoffeln mit der Schale weich kochen, abgießen und ausdampfen lassen. In der Zwischenzeit die geschälte Zwiebel in kleine Würfel schneiden. Die noch gut warmen Kartoffeln schälen und in dünne Scheiben schneiden. Die Zwiebelwürfel zu den Kartoffelscheiben geben. Reichlich Sonnenblumenöl, wenig Essig, etwas Senf, nicht zu viel heiße (nicht kochende) Rinderbrühe, Salz und Pfeffer gut verrühren, über die Kartoffelscheiben gießen und vorsichtig mischen. Den Salat 1–2 Stdn. ziehen lassen. Bei Bedarf noch Rinderbrühe, Öl oder Essig nachgießen, mit Salz und Pfeffer abschmecken. Schnittlauch in Röllchen schneiden und den Kartoffelsalat damit anrichten.

Die Maultaschen in Salzwasser erhitzen, aber nicht mehr kochen lassen, und zusammen mit der ebenfalls erwärmten Zwiebelschmälze sowie dem lauwarmen Kartoffelsalat servieren.

Eine genaue Rezeptur für den Kartoffelsalat ist nicht möglich, weil die Menge der einzelnen Zutaten je nach Beschaffenheit der Kartoffelsorte sehr variieren kann. Für manche Kartoffeln sind mehr Brühe und Essig erforderlich, für andere mehr Öl und Gewürze. Deshalb können die Mengenangaben hier lediglich grobe Anhaltspunkte sein.

Mit einer selbst gekochten kräftigen Rinderbrühe zubereitet, schmeckt der Kartoffelsalat besonders gut.

Die Geschichte der „Herrgottsbscheißerle"

Das höchste schwäbische Kulinarium sind ohne Zweifel die Maultaschen. „Sie sind für mich ein Spitzenerzeugnis der schwäbischen Küche, sie entsprechen auch dem Wesen des Schwaben. In einem unliebenswürdigen Gewand verbirgt sich ein delikater Kern, sie schmecken hehlinge gut. Außen pfui und innen hui, überspitzt ausgedrückt. Eine leichenfarbene Hülle aus Nudelteig entsagt jedem optischen Reiz und wirkt appetitzügelnd. Aber wie köstlich ist die reiche Fülle ...", so Thaddäus Troll in seinem Standardwerk „Deutschland deine Schwaben". Zur Entstehung der Maultaschen gibt es viele Legenden. Eine davon sagt, dass auf diese Weise die Zisterziensermönche des Klosters Maulbronn in der Fastenzeit – in der den Katholiken jeder Verzehr von Fleisch und Produkten warmblü-tiger Tiere verboten war – das Fleisch vor dem lieben Herrgott verstecken wollten, was im Volksmund zum Beinamen „Herrgottsbscheißerle" führte. Leicht abgewandelt erzählt man sich, dass es Protestanten waren, die der ursprünglich nur mit Kräutern und Spinat gefüllten Teigtasche heimlich Fleisch beifügten. Hierzu passt die Tradition in schwäbischen Familien, dass Maultaschen in der Brühe das typische Gericht am Gründonnerstag sind. „Gründonnerstag" leitet sich übrigens nicht von der grünen Fülle der Maultasche ab, sondern von dem althochdeutschen Wort „grinan" = greinen.

Die schwäbischen Maultaschen sind seit 2009 durch die Europäische Union in ihrer Herkunftsbezeichnung geschützt und fallen ebenso wie der Schwarzwälder Schinken, die Schwarzwaldforelle oder das Filder-Spitzkraut in die Klasse geschützte geografische Angabe (g.g.A.). Das bedeutet, mindestens eine der Produktionsstufen – Erzeugung, Verarbeitung oder Herstellung – wird im Herkunftsgebiet durchlaufen. Die Einwohner Württembergs beanspruchen für sich, die Stammregion der Maultaschen zu sein, aber auch im angrenzenden Baden und Bayern sind sie ein traditionelles Gericht.

Gemüse-Maultaschen auf Pfifferlingrahm

Zutaten für 4–6 Personen:

Für die Maultaschen:
- 300 g Karotten
- 300 g Sellerie
- 2 Zwiebeln
- 1 Bund glatte Petersilie
- 2 Brötchen
- etwas Milch
- 1 kg frischer Blattspinat oder 300 g TK-Blattspinat
- Rapsöl
- 2 große Eier
- etwas Knoblauch
- Salz
- Pfeffer aus der Mühle
- evtl. Semmelbrösel
- 500–700 g fertiger Nudelteig (Menge je nach Dicke der Füllung)
- 1 Ei zum Bestreichen

Für den Pfifferlingrahm:
- 700 g Pfifferlinge
- 2–3 Schalotten
- 1/2 Bund glatte Petersilie
- 30 g Butter
- 500 ml Sahne
- 125 ml Crème fraîche
- Salz
- Pfeffer aus der Mühle

Bei dieser Maultaschenvariante geraten Gemüseliebhaber leicht ins Schwärmen.

Zubereitung

1. Für die Maultaschenfüllung Karotten, Sellerie und Zwiebeln schälen und in kleine Würfel schneiden. Petersilie waschen und fein hacken. Die Brötchen in Würfel schneiden und in etwas warmer Milch einweichen. Den frischen Spinat putzen und in heißem Salzwasser kurz blanchieren. Diesen bzw. den aufgetauten TK-Blattspinat in einem Küchentuch gut ausdrücken und fein hacken.

2. In einer großen Pfanne mit heißem Rapsöl die Zwiebel- und Gemüsewürfel anschwitzen, etwas Wasser zugießen und bissfest weichkochen. Alle Flüssigkeit muss zum Schluss verdampft sein. Die Masse erkalten lassen. Dann mit den verquirlten Eiern, Weißbrot, Petersilie, zerdrücktem Knoblauch und Spinat vermengen. Salzen und pfeffern. Sollte die Füllung zu flüssig sein, mit Semmelbröseln binden.

3. Einen großen Topf mit Salzwasser erhitzen. Den Nudelteig ausrollen, die Füllung einzeln und in gleicher Gewichtseinheit in gleichem Abstand auf den Teig setzen. Die Teigränder mit einem verquirlten Ei bestreichen, dann die Teigränder umklappen, etwas andrücken und zum Schluss zu Maultaschen schneiden. Ins siedende Salzwasser geben und je nach Größe 7–10 Min. ziehen lassen.

4. Für den Pfifferlingrahm die Pilze putzen. Die Schalotten schälen und fein würfeln. Petersilie waschen und fein hacken.

5. In einer heißen Pfanne mit Butter die Schalottenwürfel zusammen mit den Pfifferlingen anschwitzen. Sahne hinzufügen und etwas einkochen lassen. Die Pfanne vom Feuer nehmen, die gehackte Petersilie hinzufügen, Crème fraîche unterrühren und mit Salz und Pfeffer würzen. Mit den Maultaschen schön anrichten.

Die Teigränder einfach von links und rechts über die Füllung klappen.

Gut verschlossen und bereit fürs Garen

Filder-Krautwickel

mit Kartoffelpüree

Zutaten für 4 Personen:

Für die Krautwickel:

- 8 größere Blätter vom Filder-Spitzkraut
- Eiswasser
- 2 Brötchen
- ca. 125 ml lauwarme Milch
- 1 große Zwiebel
- 3 EL Rapsöl
- 500 g gemischtes Hackfleisch
- 2 Eier
- Salz
- Pfeffer aus der Mühle
- 1 Prise Muskatnuss, frisch gerieben
- kleine Spieße oder Bindfaden

Für die Soße:

- 500 ml Gemüsebrühe oder braune Soße
- evtl. etwas Speisestärke

Für das Kartoffelpüree:

- 800 g mehlig kochende Kartoffeln
- 150–200 ml Milch
- 150 ml Sahne
- 1 Prise Muskatnuss, frisch gerieben
- Salz
- Pfeffer aus der Mühle
- 60 g Butter, in kleine Flocken geschnitten
- 50 ml Sahne, steif geschlagen

Filderkraut

Die typische Kohlsorte, die auf der fruchtbaren Ebene rund um den Stuttgarter Flughafen auf den Fildern wächst, ist das Spitzkraut. Vermutlich ist es vor rund 400 Jahren im Kloster Nellingen gezüchtet worden. Noch 1903 gab es eine Anbaufläche von 866 Hektar. Heute wird der wegen seiner zarten Blätter geschätzte Spitzkopf nur noch auf etwa 5 Hektar angebaut. Das ergibt eine Ernte von rund 160 000 „Haibla", wie man auf Schwäbisch sagt. Am Wochenende des dritten Oktobersonntags feiert Leinfelden-Echterdingen das gesunde Gemüse mit dem Filderkrautfest.

Eine besonders zarte Kohlsorte von den Fildern für die Krautwickel

Nach dem Kochen mit Eiswasser abgeschreckt, behält das Kraut seine Farbe.

Während die Krautwickel im Backofen schmoren, ist Zeit, um das Kartoffelpüree zuzubereiten.

Zubereitung

Die Krautwickel können in Gemüsebrühe oder in einer braunen Soße gegart werden. Die Herstellung des Gerichtes ist bei diesen Varianten gleich und beide schmecken sehr lecker.

1. Die Spitzkrautblätter etwa 8–10 Min. in siedendem Salzwasser kochen. Anschließend in Eiswasser legen und abkühlen lassen, so bleibt die schöne Farbe des Krautes erhalten. Dann die Krautblätter aus dem Eiswasser nehmen, abtropfen und auf Küchenkrepp oder einem Küchentuch etwas trocknen lassen. Anschließend die mittleren dicken Rippen vorsichtig aus den Krautblättern schneiden; die Blätter sollten jedoch noch an einem Stück bleiben.

2. Die Brötchen in kleinere Würfel schneiden und in der lauwarmen Milch etwas einweichen lassen. Die geschälte Zwiebel würfeln und in etwas heißem Rapsöl anschwitzen. Die erkalteten Zwiebelwürfel und die ausgedrückten Brötchen mit dem Hackfleisch und den Eiern gut vermengen. Mit Salz, Pfeffer und Muskatnuss würzen. Die fertige Hackfleischfüllung ein paar Minuten durchziehen lassen.

3. Pro Portion jeweils zwei Krautblätter überlappend auslegen, die Hackfleischfüllung darauf verteilen, die Krautblätter seitlich einschlagen und aufrollen. Die fertigen Rouladen mit Spießen zusammenhalten oder mit Bindfaden von allen Seiten umwickeln.

4. In einer Pfanne mit heißem Rapsöl die Krautwickel rundum scharf anbraten, die Pfanne vom Herd nehmen. Die angebratenen Krautwickel in eine feuerfeste Form legen, eventuell übrig gebliebenes Kraut grob hacken und dazugeben. Nun entweder mit der Gemüsebrühe oder der braunen Soße übergießen und im Backofen bei 170 °C etwa 40–50 Min. lang garen.

Schön locker sollte das Kartoffelpüree sein.

Vor diesem deftigen Gericht mit Zutaten aus dem Land nehmen alle gern am Esstisch Platz.

5. Währenddessen das Kartoffelpüree zubereiten. Dazu die Kartoffeln schälen und halbieren und am besten in einem Dampfgarer oder in Salzwasser weich kochen lassen. Milch und die flüssige Sahne leicht erwärmen. Die gekochten Kartoffeln etwas ausdämpfen lassen und durch eine Kartoffelpresse oder eine Spätzlepresse drücken. Mit einem Kochlöffel oder Schneebesen das warme Milch-Sahne-Gemisch unterrühren und mit Muskatnuss, Salz und Pfeffer würzen. Die Butterflocken einrühren. Zum Schluss ganz vorsichtig die steif geschlagene Sahne unterheben. Das fertige Püree bis zur weiteren Verwendung warm stellen.

6. Die fertigen Krautwickel aus dem Backofen nehmen. Falls gewünscht, die Schmorflüssigkeit, also Gemüsebrühe oder braune Soße leicht binden. Diese dazu in einen Topf umfüllen, mit etwas kaltem Wasser verrührte Speisestärke dazugeben und aufkochen lassen.

Tipp: Die geschlagene Sahne erst kurz vor dem Anrichten unter das Kartoffelpüree heben, so bleibt es wunderbar fluffig.

Allgäuer Kässpätzle

mit Butterzwiebeln

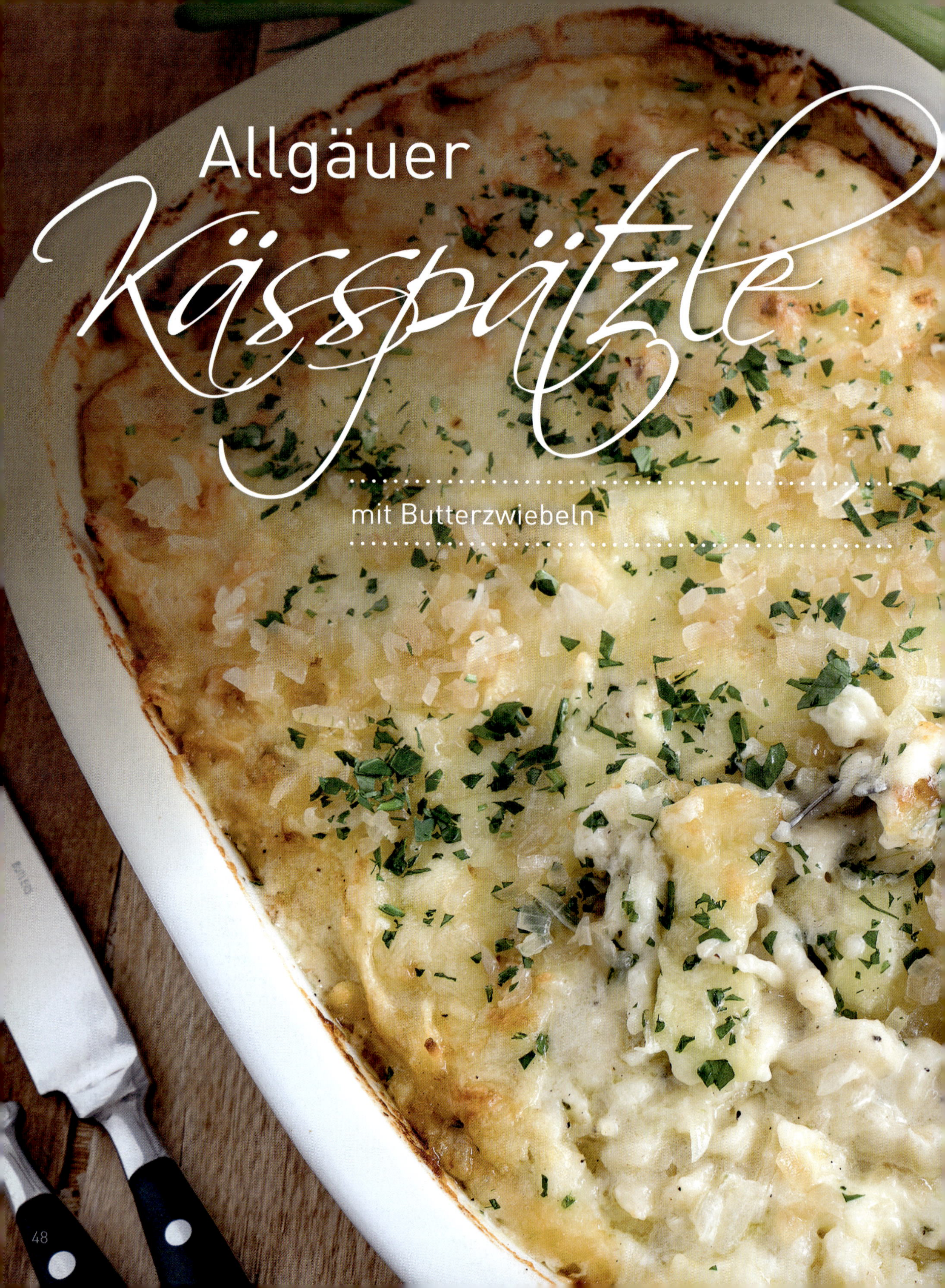

Zutaten für 4 Personen:

Für die Spätzle:
- 600 g Mehl
- 6 größere Eier
- etwas Wasser
- Salz (nach Geschmack)
- 1 Prise Muskatnuss

Weiterhin:
- 2 große Zwiebeln
- 100 g Butter
- 1 Bund glatte Petersilie
- 200 g Allgäuer Emmentaler
- 200 g Allgäuer Bergkäse
- 300 ml frische Sahne
- Pfeffer aus der Mühle
- Salz
- einige Butterflocken

So sollen sie sein: handgemachte Spätzle.

Zubereitung

1. Mit den Zutaten für die Spätzle einen glatten, nicht zu dünnen Teig herstellen und etwa 30 Min. ruhen lassen. In einem großen Topf Salzwasser zum Kochen bringen.

2. Dünne Spätzle mit dem Spätzlebrett in das leicht kochende Salzwasser schaben oder eine Spätzlemaschine verwenden. Sobald sie oben schwimmen, die Spätzle mit einem Sieb herausnehmen. Kurz in kaltem Wasser schwenken und auf einem Küchentuch etwas trocknen lassen.

3. Die Zwiebeln schälen und in kleine Würfel schneiden. Die Butter in eine Pfanne geben und aufschäumen lassen. Darin die Zwiebelwürfel in 3–5 Min. glasig anschwitzen. Samt der flüssigen Butter in ein Gefäß geben und abkühlen lassen.

Spätzle schaben – reine Übungssache!

Zwiebel gehören natürlich dazu ...

... sie werden glasig angeschwitzt.

Aus dem Ländle: Allgäuer Käse für würzige Kässpätzle

4. Die Petersilie fein hacken und bis zur weiteren Verwendung zur Seite stellen. Emmentaler und Bergkäse reiben, währenddessen den Backofen auf 180 °C vorheizen.

5. Die fertigen Spätzle in eine Auflaufform geben. Sahne zugießen und die vorher angeschwitzten Zwiebelwürfel hinzufügen. Den geriebenen Käse einstreuen, pfeffern und salzen, aber Vorsicht mit dem Salz, der Käse ist schon kräftig!

6. Alles gut vermengen, einige Butterflocken obenauf verteilen und im Backofen bei 180–200 °C etwa 30 Min. backen. Die obere Schicht sollte zum Schluss schön knusprig braun sein.

7. Die fertigen Kässpätzle noch 10 Min. im ausgeschalteten Backofen ruhen lassen. Mit der gehackten Petersilie bestreuen und servieren.

Petersilie zaubert Farbe aufs Gericht.

Tipp

Blattsalate, angemacht mit einer Vinaigrette, passen hervorragend zu den Kässpätzle.

Bietigheimer Laubfrösche

mit Bratkartoffeln

Zutaten für 4 Personen:

Für die Bietigheimer Laubfrösche:
- 1 Brötchen
- etwa 100 ml Milch
- 1/2 Bund glatte Petersilie
- 1 Zwiebel
- 500 g gemischtes Hackfleisch oder Bratenreste
- 2 Eier
- Salz
- Pfeffer aus der Mühle
- 1 Prise Muskatnuss
- 24 große Spinatblätter
- Eiswasser
- Rapsöl für die Form
- 500 ml Gemüse- oder Rinderbrühe

Für die Bratkartoffeln:
- 1,5 kg festkochende Kartoffeln, mit Schale am Vortag gekocht
- Raps- oder Sonnenblumenöl zum Braten
- 3 Schalotten
- 1/2 Bund glatte Petersilie
- Salz
- Pfeffer aus der Mühle

Das Bad im Eiswasser verhindert, dass die blanchierten Spinatblätter nachgaren.

Die Spinatblätter trocknen auf Küchenkrepp.

Drei der zarten Spinatblätter sind jeweils nötig ...

Zubereitung

1. Das Brötchen in kleine Würfel schneiden und in der lauwarmen Milch einweichen. Petersilie waschen und fein hacken, die geschälte Zwiebel fein würfeln.

2. In einer größeren Schüssel das Hackfleisch oder die vorher durch den Fleischwolf gedrehten Bratenreste mit den eingeweichten, etwas ausgedrückten Brötchenwürfeln, der Petersilie, den Zwiebelwürfeln sowie den Eiern vermengen. Mit Salz, Pfeffer und Muskat einweichen. würzen. Das fertige Fleischgemisch bis zur weiteren Verwendung zur Seite stellen.

3. Die Spinatblätter in kochendem Salzwasser ganz kurz blanchieren und sofort in Eiswasser abschrecken, anschließend auf Küchenkrepp legen und etwas trocknen lassen.

4. Das Fleischgemisch portionsweise auf je drei Spinatblätter gleichmäßig verteilen und mit den Spinatblättern sorgfältig umwickeln (die Masse muss bedeckt sein). Die Laubfrösche in eine mit etwas Rapsöl gefettete Backform legen. Mit der Rinder- oder Gemüsebrühe angießen und bei 170 °C etwa 20–25 Min. im vorgeheizten Backofen garen.

5. Für die Bratkartoffeln die geschälten Kartoffeln in dünne Scheiben schneiden. Eine größere Pfanne mit nicht zu wenig Öl stark erhitzen. Etwa die Hälfte der Kartoffelscheiben vorsichtig in die heiße Pfanne geben, etwas verteilen und in der Pfanne auf dem Herd ruhen lassen, bis die Kartoffelscheiben an der unteren Seite gut braun geworden sind. Erst dann wenden!

In der Zwischenzeit die Schalotten schälen und klein würfeln, die Petersilie waschen und klein hacken. Sind die Kartoffelscheiben kross und knusprig gebraten,

... um die Füllung eines Laubfrosches zu umhüllen.

Ein wenig Geduld und Fingerspitzengefühl ist beim Einwickeln gefragt.

In einer guten Brühe können die Päckchen nun im Backofen garen.

Tipps zum Rezept

Tipp 1: Zum Blanchieren die Spinatblätter einzeln am Stiel anfassen und ganz kurz ins kochende Wasser tauchen, anschließend sofort in Eiswasser legen. Bei dieser Variante ist die Gefahr, dass die Spinatblätter reißen, nicht so groß. Aber Vorsicht, nicht die Finger ins kochende Wasser halten!

Tipp 2: Möchte man eine gebundene Soße zu den Laubfröschen servieren, einfach die Gemüse- oder Rinderbrühe mit etwas Stärkemehl abbinden. Ganz zum Schluss noch etwa zwei Esslöffel Sauerrahm einrühren und würzen, danach die Soße aber nicht mehr kochen lassen, sonst flockt der Sauerrahm. Natürlich passt auch eine Bratensoße dazu – dann die Laubfrösche damit zubereiten und die Brühe weglassen.

Tipp 3: Bratkartoffeln werden richtig gut mit einer festkochenden Kartoffelsorte. Die Zubereitung der Bratkartoffeln sollte in mehreren Schritten erfolgen, denn zu viele Kartoffelscheiben in der heißen Pfanne werden eher matschig als knusprig. Wichtig ist auch viel Hitze, nur so werden sie schön kross. Statt Zwiebeln empfiehlt es sich, wie im Rezept angegeben, die milderen Schalotten zu verwenden. Die Schalottenwürfel aber erst ganz zum Schluss hinzufügen, damit sie nicht verbrennen und noch einen ganz leichten Biss haben. Wer Lorbeergeschmack mag, kann ein bis zwei Lorbeerblätter nach dem Wenden der Kartoffelscheiben hinzufügen und leicht mitbraten lassen. Frische Lorbeerblätter sind ideal, man kann aber auch getrocknete verwenden.

Tipp 4: Als Beilage zu den Bietigheimer Laubfröschen passt auch ein Kartoffelpüree hervorragend, Salzkartoffeln schmecken ebenfalls gut.

„Das Essen soll zuerst das Auge erfreuen und dann den Magen.“

Johann Wolfgang von Goethe (1749–1832)

Für Bratkartoffeln eignet sich eine festkochende Kartoffelsorte.

die Schalottenwürfel hinzufügen und die Pfanne bei mäßiger Hitze häufiger durchschwenken.

Mit Salz und Pfeffer würzen, anschließend die fertigen Bratkartoffeln in den Backofen zu den Laubfröschen stellen.

6. Den gesamten Vorgang mit der zweiten Hälfte der Kartoffelscheiben wiederholen.

7. Sobald die Laubfrösche fertig gegart sind, diese aus dem Backofen nehmen, die Temperatur auf 100 °C zurückstellen. Auf ein Backblech setzen und im Backofen warm halten. Die Brühe, in der die Laubfrösche zubereitet wurden, durch ein feines Sieb seihen. Laubfrösche und die mit Petersilie bestreuten Bratkartoffeln zusammen mit der Brühe anrichten.

Portionsweise gebraten und mit Schalottenwürfelchen verfeinert schmecken die Bratkartoffeln garantiert.

Esslinger Zwiebelkuchen

Zwieblinger

Wie die Esslinger zu ihrem Spitznamen kamen

Einer Legende nach soll der Teufel einst verkleidet und unerkannt den Esslinger Markt besucht haben. Er erbat sich von einer Marktfrau einen ihrer schönen Äpfel. Die aber erkannte den Teufel an seinem Pferdefuß und gab ihm stattdessen eine Zwiebel, in die er begierig hineinbiss. Voller Wut verfluchte er die Marktfrau und schrie: „Das sollen eure Äpfel sein? Scharfe Zwiebeln sind es. Spott über euch Esslinger. Von nun an sollt ihr Zwieblinger heißen!“ Und so hatten die Esslinger ihren Necknamen weg.

Zutaten (Form 30 cm ∅):

Für den Hefeteig:

- 125 ml Milch
- 250 g Mehl
- 1 Prise Salz
- 15 g frische Hefe
- 1 Prise Zucker
- 50 g Butter
- 1 Ei

Für den Belag:

- 1 kg Zwiebeln
- 70 g Butterschmalz
- 125 g roher geräucherter Bauchspeck
- Fett für die Backform
- etwas Mehl zum Auswellen
- 2 gehäufte EL Mehl
- 200 g Sahne
- 200 g saure Sahne
- 4 Eier
- Salz
- Pfeffer aus der Mühle
- Kümmel

Die Zwiebeln werden mit Bauchspeck ...

... Eiern und Sahne angerichtet.

Ein Hefeteig bildet den Boden.

Zubereitung

1. Für den Teig die Hälfte der Milch (ca. 60 ml) lauwarm erhitzen. Das Mehl in eine Schüssel sieben, Salz hinzufügen. In der Mitte des Mehls eine Vertiefung drücken, die Hefe hineinbröckeln. Zucker dazugeben und mit der lauwarmen Milch und etwas vom Mehl in der Schüssel verrühren. Den Vorteig zugedeckt 15 Min. bei Zimmerwärme gehen lassen.

2. Die Butter zur restlichen Milch geben und lauwarm erhitzen. Mit dem Knethaken der Rührmaschine oder den Händen den Vorteig und das Mehl etwas vermengen. Dann erst nach und nach die lauwarme Milch mit Butter hinzugeben (die Butter darf nicht direkt mit dem Hefevorteig zusammenkommen) sowie das Ei.

3. Den Teig in der Schüssel so lange rühren oder mit der Hand schlagen, bis er geschmeidig glatt ist und sich vom Schüsselrand löst. Den fertigen Hefeteig nochmals ca. 30 Min. gehen lassen.

4. Die Zwiebeln für den Belag schälen und in kleine Würfel schneiden. Diese in einer heißen Pfanne im Butterschmalz glasig, ohne dass sie Farbe bekommen, anschwitzen. Danach die Hitze reduzieren und die Zwiebelwürfel in ca. 20 Min. weich dünsten. Den Bauchspeck ebenfalls in kleine Würfel schneiden und in den letzten 5 Min. der Dünstzeit zu den Zwiebelwürfeln geben. Die Zwiebel-Speck-Mischung kalt werden lassen.

5. Die Backform einfetten. Den Teig auf einer bemehlten Fläche auswellen, die Backform damit auslegen und einen Rand hochziehen. Backofen auf 170 °C vorheizen.

6. Mit einem Schneebesen das Mehl mit der kalten Sahne schön glatt rühren. Die Sahne-Mehl-Mischung mit saurer Sahne, Eiern, Salz, Pfeffer und Kümmel nach Geschmack gut verrühren. Die erkaltete Zwiebelmischung untermengen und die Masse auf dem Teig in der Backform verteilen. In den heißen Backofen schieben und bei 170 °C ca. 1 Std. backen.

7. Den Zwiebelkuchen lauwarm servieren, so schmeckt er am besten.

Die Zwiebelmasse auf dem Teig verteilen, und ab in den Backofen!

Saure Kartoffelrädle

mit Rinderbrust

Zutaten für 4 Personen:

Für die Sauren Kartoffelrädle:
- 1 kg Kartoffeln, festkochend
- 1/2 Bund glatte Petersilie
- 50 ml Rapsöl
- 3 gehäufte EL Mehl
- 1 große Zwiebel
- 2 Lorbeerblätter
- 1 Nelke
- Salz
- Pfeffer aus der Mühle
- Weinbrandessig (Menge nach Geschmack)
- 1 Prise Zucker

Für die Rinderbrust:
- 1 kg küchenfertige Rinderbrust
- 1/2 große Zwiebel
- 2 Lorbeerblätter
- 1 Prise Muskatnuss, frisch gerieben
- 1 kleiner Bund Liebstöckel
- 4 Wacholderbeeren
- 10 Pfefferkörner
- Salz
- 2 mittelgroße Karotten
- 2 mittelgroße Petersilienwurzeln
- 1/4 einer kleineren Sellerieknolle
- 1/2 Bund Lauchzwiebeln

Frische Kartoffeln für eine fast schon vergessene Spezialität.

Zubereitung

1. Die Kartoffeln mit Schale in einem Topf mit Wasser kochen. Wenn sie gar sind abgießen und ausdampfen lassen.

2. Die Rinderbrust mit fließend kaltem Wasser gut abspülen und in einen größeren Topf geben. Die halbe Zwiebel schälen und in einer Pfanne ohne Fett mit dem Anschnitt nach unten dunkelbraun anbraten, anschließend zur Rinderbrust hinzufügen. Etwa 3–4 l Wasser aufgießen, Lorbeerblätter, Muskatnuss, Liebstöckel, Wacholderbeeren, Pfefferkörner und Salz dazugeben und bei mittelgroßer Hitze kochen lassen, bis die Rinderbrust weich ist. Wenn nötig Wasser nachgießen, auf jeden Fall soll die Rinderbrust immer mit Flüssigkeit bedeckt sein. Karotten, Petersilienwurzeln und Sellerie schälen und in Würfel schneiden, die Lauchzwiebeln putzen und in dünne Scheiben schneiden. Die glatte Petersilie waschen und fein hacken.

3. Für die Sauren Kartoffelrädle in einer größeren Pfanne das Rapsöl erhitzen, Mehl mit einem Schneebesen einrühren und unter ständigem Rühren so lange rösten, bis es kräftig braun ist. Diese Mehlschwitze sofort in einen kalten Topf umfüllen und beiseitestellen.

4. Die ganze Zwiebel schälen und in kleine Würfel schneiden, diese in einer heißen Pfanne mit etwas Rapsöl hellbraun braten, anschließend beiseitestellen.

Die Mehlschwitze für die Soße ...

... darf ruhig kräftig Farbe annehmen.

Wenn die gekochten Kartoffeln gerädelt sind ...

5. Von der Rinderbrühe etwa 750 ml in einen Topf geben, die Lorbeerblätter sowie die Nelke hinzufügen und 5 Min. kochen lassen. Nun die vorbereitete Mehlschwitze nochmals erhitzen. Nach und nach Rinderbrühe zugeben, dabei gut mit dem Schneebesen rühren und so eine Soße in der gewünschten Dicke herstellen. Die angebratenen Zwiebelwürfel hinzufügen, noch 1 Min. lang kochen lassen. Mit Salz, Pfeffer, Essig und Zucker rezent süßsauer abschmecken.

6. Den Backofen auf 90 °C vorheizen. Die ausgedampften Kartoffeln schälen, in Scheiben schneiden und in eine Auflaufform schichten. Die fertige Soße darüber verteilen, abdecken und im heißen Backofen durchziehen lassen.

7. Die fertige Rinderbrust aus dem Topf nehmen und warm stellen. Die Rinderbrühe durch ein Küchentuch passieren, zurück in den Topf geben und darin die Gemüsewürfel bissfest weich kochen. In der letzten Minute die Lauchzwiebelscheiben mitkochen. Die Suppe bei Bedarf noch mit Salz abschmecken.

8. Die Rinderbrust in Scheiben schneiden, in eine Servierform legen, darauf die gekochten Gemüsewürfel verteilen und etwas Rinderbrühe darübergießen. Die Sauren Kartoffelrädle aus dem Backofen mit der gehackten Petersilie bestreuen und zusammen mit der Rinderbrust servieren.

... und das Fleisch geschnitten ist, gibt's bald etwas Gutes zu essen.

Tipps zum Rezept

Tipp 1: Die Mehlschwitze nach der Herstellung unbedingt sofort in eine kalte Pfanne oder ein nicht schmelzbares Gefäß umfüllen. Sonst dunkelt sie nach, wird bitter und unbrauchbar.

Tipp 2: Man kann die Kartoffelrädle auch direkt in die hergestellte Soße geben und darin ziehen lassen. Bei der Variante, die Kartoffelrädle in eine Backform einzuschichten und im Backofen ziehen zu lassen, sieht das Gericht allerdings hübscher aus.

Tipp 3: Die Soße zu den Kartoffelrädle sollte richtig rezent abgeschmeckt werden. Deshalb mit den Gewürzen und vor allem mit Essig nicht sparen, die Kartoffeln schlucken viel Würze. Eine Prise Zucker hebt den Geschmack einer sauren Soße enorm.

Tipp 4: Zur Herstellung der Soße für die Kartoffelrädle muss man nicht unbedingt eine Rinderbrühe verwenden, da geht auch Gemüsebrühe oder Wasser.

Ulmer Zwiebel-Rostbraten

mit Spätzle und Soße

Zutaten für 4 Personen:

Für die Spätzle:
- 500 g Mehl
- 5 Eier
- Salz
- evtl. etwas Butterschmalz
- Schnittlauch zum Bestreuen

Für die Zwiebelsoße:
- 4 große Zwiebeln
- 2 EL Butterschmalz
- Salz
- 1 l braune Soße

Für den Rostbraten:
- 4 Rumpsteaks vom Rind à 250 g
- Salz
- Pfeffer aus der Mühle
- Rapsöl zum Braten

Mit etwas Schnittlauch bestreut machen die Spätzle noch mehr her.

Zubereitung

1. Für die Spätzle das Mehl mit den Eiern, Salz und ganz wenig Wasser zu einem Teig verarbeiten. Diesen so lange schlagen, bis er schön glatt ist und Blasen wirft. Einen größeren Topf mit Salzwasser zum Kochen bringen.

2. Anschließend von Hand Spätzle in das kochende Salzwasser schaben oder eine Spätzlemaschine verwenden. Sobald sie oben schwimmen, die Spätzle mit einem Schaumlöffel aus dem Wasser heben. Warm stellen oder kurz vor dem Anrichten in etwas heißem Butterschmalz schwenken.

3. Die Zwiebeln für die Soße schälen und in Scheiben schneiden. In einer heißen Pfanne mit Butterschmalz leicht anbraten, Hitze wegnehmen und die Zwiebelscheiben weiter anschwitzen. Bei Bedarf etwas Wasser hinzufügen. In ca. 20–30 Min. sollten die Zwiebeln weich sein; das eventuell zugegossene Wasser muss zum Schluss völlig verdampft sein. Leicht salzen. Die Zwiebeln zur braunen Soße geben oder warm stellen. Den gewaschenen Schnittlauch in Röllchen schneiden und zur Seite stellen.

4. Die Rumpsteaks mit Salz und Pfeffer würzen. In einer Pfanne Rapsöl heiß werden lassen. Die Rumpsteaks von beiden Seiten auf den gewünschten Garpunkt braten; medium bedeutet ca. 2,5 Min. Bratzeit pro Seite. Parallel dazu die braune Soße erhitzen.

5. Die fertigen Rostbraten mit Zwiebeln, Spätzle und Soße auf Tellern anrichten. Zum Schluss die Spätzle noch mit Schnittlauchröllchen bestreuen.

Ans Fleisch kommen nur Salz und Pfeffer.

Die angeschwitzten Zwiebeln reichern die braune Soße an oder krönen zum Schluss den Rostbraten.

Ein Gericht wie aus dem Bilderbuch – guten Appetit!

Badisches Schäufele

mit Kartoffelsalat und Ackersalat

Schäufele

Das Schäufele nennt man so, weil das Schweine-Schulterblatt die Form eines Schaufelblattes hat. Wenn man das Fleisch fein säuberlich vom Knochen abgegessen hat, erkennt man die Form einer Schaufel. Aber da man im Ländle gerne den Diminutiv verwendet, heißt der Braten nicht Schweineschaufel, sondern Schäufele.

Zutaten für 4 Personen:

Für das Schäufele:
- 1 Zwiebel
- 4 Nelken
- 1 Schäufele, roh und gepökelt, ca. 1 1/2 kg schwer
- 2 Lorbeerblätter
- 6 Wacholderbeeren
- einige Pfefferkörner
- Salz
- 1 kleine Sellerieknolle
- 2 Karotten
- 1 Lauchstange
- 1 kleiner Bund glatte Petersilie

Für den Kartoffelsalat:
- 1 1/2 kg Kartoffeln einer festkochenden Sorte
- 1 größere Zwiebel
- 1 l Rinderbrühe
- Sonnenblumen- oder Rapsöl
- Essig
- etwas Senf (nach Geschmack)
- Pfeffer aus der Mühle
- Salz

Für den Ackersalat:
- 2 Handvoll Ackersalat
- 2 Schalotten
- Essig
- etwas Senf
- Salz
- Pfeffer aus der Mühle
- 1 Prise Zucker
- Sonnenblumen- oder Rapsöl

Die konzentrierte Rinderbrühe ist das Geheimnis eines guten Kartoffelsalats.

Zubereitung

1. Die Kartoffeln für den Salat in einem passenden Topf mit Wasser bedecken und auf kleiner Flamme kochen lassen.

2. Für das Schäufele die Zwiebel schälen und mit den Nelken spicken. Das Fleisch in einen großen Topf geben und mit Wasser bedecken. Die gespickte Zwiebel, Lorbeerblätter, Wacholderbeeren sowie Pfefferkörner hinzufügen und mit ganz wenig Salz würzen. Das Schäufele auf kleiner Flamme kochen lassen. Das Gemüse und die Petersilie waschen. Die Sellerieknolle vierteln und grob putzen, die Karotten sowie den Lauch in dickere Scheiben schneiden. Nach einer Kochzeit von etwa 45 Min. Gemüse und Petersilie zum Schäufele geben und alles weiter auf kleiner Flamme kochen, bis das Fleisch weich ist.

3. Die fertig gekochten Kartoffeln abgießen und ausdampfen lassen. Die geschälte Zwiebel in kleine Würfel schneiden. Die Rinderbrühe mindestens zur Hälfte einkochen. Die Kartoffeln noch gut warm schälen und in dünne Scheiben schneiden. Die Zwiebelwürfel, reichlich Öl, wenig Essig und etwas Senf hinzufügen und nicht zu viel Rinderbrühe zugießen. Mit Pfeffer würzen, mischen, dann den Salat ziehen lassen. Bei Bedarf noch Brühe, Öl bzw. Essig nachgießen, mit Salz und Pfeffer fertig abschmecken.

Lorbeerblätter, Wacholderbeeren und Nelken würzen das Schäufele.

Das Fleisch gart auf kleiner Flamme.

Noch fein anrichten und fertig. Unwiderstehlich!

4. Den Ackersalat putzen und waschen, anschließend das Wasser gut abtropfen lassen. Die Schalotten schälen und in kleine Würfel schneiden. Aus Essig, etwas Wasser, Senf, Salz, Pfeffer, Zucker, Schalottenwürfeln und Öl ein rezentes Dressing herstellen. Kurz vor dem Anrichten den Ackersalat damit vermengen und 2 Min. ziehen lassen.

5. Das weich gekochte Schäufele aus dem Sud nehmen, 5 Min. ruhen lassen. Dann in Scheiben schneiden und auf den Tellern verteilen. Vom Schäufele-Kochsud etwas über das Fleisch träufeln und zusammen mit den beiden Salaten servieren.

Ideale Beilage: ein knackiger Ackersalat

Tipps zum Rezept

Tipp 1: Den Schäufelesud nicht zu stark salzen, das Fleisch wurde vom Metzger schon mit Pökelsalz behandelt.

Tipp 2: Den Kochsud des Schäufeles unbedingt aufheben. Er eignet sich hervorragend für eine Zubereitung als Suppe. Einlagen ganz nach Lust und Laune wählen.

Tipp 3: Rinderbrühe für einen Kartoffelsalat immer zur Hälfte einkochen lassen, dann schmeckt der Salat wesentlich kräftiger.

Tipp 4: Sollte das rohe Schäufele vakuumverpackt sein, dann unbedingt eine Stunde vor der Zubereitung auspacken und mit kaltem Wasser abbrausen.

Schwäbisches Bierfleisch süßsauer

mit Laugenbrezelknödeln

Zutaten für 4 Personen:

Für das Bierfleisch:
- 1 kg Rindfleisch von der Unterschale oder vom Hals
- 200 g geräuchter Bauchspeck
- 2 große Zwiebeln
- 1 Knoblauchzehe
- Rapsöl
- 2 EL Tomatenmark
- 500 ml dunkles Bier
- 500 ml Rinderbrühe
- 8 Zweigle frischer Oregano
- Salz
- Pfeffer aus der Mühle
- 1 Prise Zucker
- 1 Schuss Weinbrandessig
- Speisestärke zum Binden

Für die Laugenbrezelknödel:
- 1 große Zwiebel
- 40 g Butter
- 250 ml Milch
- 1 Bund glatte Petersilie
- 250 g getrocknete Laugenbrezelwürfel
- 4 Eier
- Salz
- Pfeffer aus der Mühle
- 1 Prise Muskatnuss

Das scharf angebratene Rindfleisch ...

Zubereitung

1. Für das Bierfleisch das Rindfleisch in grobe Würfel und den geräucherten Bauchspeck in Streifen schneiden. Die Zwiebeln schälen und in größere Würfel schneiden, die Knoblauchzehe schälen und fein hacken.

2. In einem großen Topf mit heißem Rapsöl die Rindfleischwürfel von allen Seiten scharf anbraten, anschließend die Zwiebelwürfel und die Bauchspeckstreifen hinzufügen und etwas mit anbraten lassen. Das Tomatenmark einrühren und ebenfalls leicht mit anbraten. Vorsicht, das Tomatenmark darf nicht anbrennen, sonst wird das Bierfleisch bitter.

3. Anschließend mit der Hälfte des Bieres sowie der Hälfte der Rinderbrühe ablöschen, den Knoblauch hinzufügen und die Rindfleischwürfel auf kleiner Flamme 1 1/2 – 2 Stdn. weich dünsten. Immer wieder von dem restlichen Bier und der Rinderbrühe zugießen. Oregano waschen, die Blättchen von den Zweigen streifen und 5 Min. vor Ablauf der Kochzeit zum Bierfleisch geben. Zum Schluss mit Salz, Pfeffer, Zucker und Essig süßsauer abschmecken und mit etwas Speisestärke leicht binden.

... darf nun im Bier baden.

Frisch geriebene Muskatnuss ...

4. Während das Fleisch gart, die Laugenbrezelknödel zubereiten. Dazu die Zwiebel würfeln. In einer Pfanne die Butter aufschäumen lassen und darin die Zwiebelwürfel bei kleiner Hitze dünsten, bis sie bissfest weich sind. Die Pfanne beiseitestellen.

5. Die Milch leicht erwärmen, die Petersilie hacken. Die Laugenbrezelwürfel in eine größere Schüssel geben. Die Eier mit der lauwarmen Milch (Vorsicht, die Milch darf nicht zu heiß sein, sonst stockt das Ei) verquirlen und über die Laugenbrezelwürfel gießen. Sofort gut vermengen, am besten mit den Händen; dabei die Masse ruhig auch etwas andrücken. 30 Min. ziehen lassen. Dann die erkalteten Zwiebelwürfel und die Petersilie hinzufügen, mit Salz, Pfeffer und Muskatnuss würzen, nochmals vermengen. Während die Knödelmasse weitere 10 Min. ruht, einen größeren Topf mit Salzwasser zum Kochen bringen.

6. Von der fertigen Masse einen kleinen Probeknödel formen und im siedenden Salzwasser ca. 15 Min. ziehen lassen. Sollte er zu weich sein, ganz wenig Mehl unter die Knödelmasse mengen. Wenn die Konsistenz passt, daraus nicht zu große Knödel formen und diese ebenfalls im siedenden Salzwasser ca. 20 Min. ziehen lassen. Die Knödel mit einem Schaumlöffel aus dem Wasser heben, etwas abtropfen lassen und mit dem Bierfleisch servieren.

... gibt den Knödeln einen kräftigen Geschmack.

Tipps zum Rezept

Tipp 1: Anstelle von Oregano passt auch Majoran sehr gut ins Bierfleisch.

Tipp 2: Als Beilage eignen sich auch Spätzle hervorragend.

Odenwälder Sauerbraten

mit Spätzle und Blattsalaten

Zutaten für ca. 6 Personen:

Für die Marinade
(5–7 Tage vorher Fleisch einlegen):

- 4 mittelgroße Karotten
- 1 Lauchstange
- 1 mittelgroßer Sellerie mit Grün
- 2 Zwiebeln
- 1 kleiner Bund glatte Petersilie
- 1 l trockener Rotwein
- 750 ml Essig
- 4 Lorbeerblätter
- 20 Wacholderbeeren
- 20 Pfefferkörner
- Salz
- Zucker

Für den Braten:

- 2 kg küchenfertiges falsches Filet oder ein anderes passendes Stück Bratenfleisch vom Rind
- Rapsöl
- 2 EL Tomatenmark
- 1 l braune Grundsoße
- etwas Speisestärke zum Binden
- Salz
- Zucker
- Pfeffer aus der Mühle
- 1 Prise Zimt

Für die Spätzle:

- 600 g Mehl
- 6 Eier
- Salz
- etwas Butterschmalz zum Schwenken (nach Wunsch)

Außerdem:

- Blattsalate nach Wahl mit gewünschtem Dressing

Das Fleisch muss zunächst fünf bis sieben Tage lang in der Marinade durchziehen.

Das scharf angebratene Fleischstück braucht viel Zeit zum Garen – mit fast drei Stunden muss man rechnen.

Zubereitung

1. Das Gemüse schälen bzw. putzen und waschen. Die Karotten und die Lauchstange in Scheiben, Sellerie und Zwiebeln in grobe Würfel schneiden. Selleriegrün und Petersilie (mit Stielen) grob zerkleinern. In einen Topf 500 ml Rotwein sowie den Essig geben. Karotten, Lauch, Sellerie, Selleriegrün, Zwiebeln, Lorbeerblätter, Wacholderbeeren und Pfefferkörner hinzufügen, kräftig mit Salz und Zucker würzen, rezent süßsauer abschmecken und einmal ganz kurz aufkochen. Zur vollständig abgekühlten Marinade die zerkleinerte Petersilie geben und das Rindfleisch einlegen. Sollte das Fleisch nicht ganz mit Marinade bedeckt sein, etwas kaltes Wasser zugießen. Verschließen, jedoch nicht luftdicht. Wird Folie verwendet, diese mit einer Gabel 2- bis 3-mal einstechen. Im Kühlschrank 5–7 Tage durchziehen lassen.

2. Nach der Einlegezeit das Rindfleisch aus dem Sud nehmen und mit Küchenkrepp etwas trocken tupfen. Anschließend das Gemüse abseihen, die Flüssigkeit (Marinade) aber auffangen. Das Gemüse ebenfalls trocken tupfen. In einem Bräter mit ganz heißem Rapsöl das Rindfleisch von allen Seiten scharf anbraten und herausnehmen.

3. Im selben Bräter Tomatenmark sowie das abgeseihte Gemüse ebenfalls scharf anbraten. Mit 250 ml der Marinade, 250 ml Rotwein und der braunen Grundsoße ablöschen. Das angebratene Rindfleisch einlegen, mit einem Deckel verschließen und bei ca. 165 °C im Backofen ca. 2 1/2 – 3 Stdn., je nach Größe des Fleischstücks, weich garen lassen. In zeitlichen Abständen den restlichen Rotwein zugießen, auf jeden Fall sollen zum Schluss 1 1/2 l Soße im Bräter sein.

Von Hand schaben oder die Hilfe der Spätzlemaschine anfordern ...

4. Inzwischen die Spätzle zubereiten. Das Mehl mit den Eiern, Salz und ganz wenig Wasser zu einem Teig verarbeiten. Diesen so lange schlagen, bis er ganz glatt ist und Blasen wirft. In einem größeren Topf Salzwasser zum Kochen bringen. Von Hand Spätzle hineinschaben oder eine Spätzlemaschine dazu verwenden. Sobald sie oben schwimmen, die Spätzle mit einem Schaumlöffel aus dem Wasser heben. Bis zur weiteren Verwendung warm stellen oder kurz vor dem Anrichten in etwas heißem Butterschmalz schwenken.

5. Die Blattsalate putzen, waschen und schneiden sowie ein Dressing herstellen. Bis zur weiteren Verwendung alles kühl stellen.

6. Wenn er weich genug ist, den Sauerbraten aus dem Backofen nehmen. Die Soße durch ein Haarsieb seihen und ihr mit etwas Speisestärke eine leichte Bindung geben. Anschließend mit Salz, Zucker, Pfeffer, Zimt und eventuell mit ein wenig von der übrig gebliebenen Sauerbratenmarinade süßsauer abschmecken.

7. Den Salat mit dem Dressing vermengen, den Sauerbraten in Scheiben schneiden und zusammen mit Soße und Spätzle anrichten.

Dazu schmeckt ein Blattsalat, nach Geschmack zusammengestellt: Kopfsalat pur oder als bunte Mischung.

Hegauer Kalbsvögel

mit Blumenkohl und Bandnudeln

Zutaten für 4 Personen:

Für die Kalbsvögel:
- 1 Ei
- 1 Bund glatte Petersilie
- 200 g Kalbsbrät vom Metzger
- 1 große Zwiebel
- 2 Karotten
- 1/2 Lauchstange
- 4 Kalbsschnitzel à 200 g vom Kalbsrücken (vom Metzger schneiden lassen)
- Salz
- Pfeffer aus der Mühle
- 4 TL Senf
- 8 dünne Scheiben roher geräuchter Bauchspeck
- 4 Rouladennadeln oder Küchengarn
- 3 EL Rapsöl
- 125 ml trockener Weißwein
- 500 ml Kalbsfond
- 200 ml Sahne
- 2 EL Schmand
- 1 EL Kapern
- etwas Speisestärke zur Bindung
- 1 Prise Zucker

Für Blumenkohl und Bandnudeln:
- 1 Blumenkohl
- Salz
- 1 Biozitrone
- 100 g Butter
- 100–150 g Semmelbrösel
- 500 g getrocknete Bandnudeln

Ei, Petersilie und Kalbsbrät ...

... ergeben eine cremige Masse.

Die Kalbsschnitzel werden mit deftigen Zutaten belegt.

Zubereitung

1. Das Ei mit einem Schneebesen verquirlen, die Petersilie fein hacken. Die Hälfte davon sowie das verquirlte Ei unter das Kalbsbrät mischen. Die Zwiebel sowie die Karotten schälen, den Lauch putzen und waschen. Das Gemüse jeweils in kleine Würfel schneiden, beiseitestellen.

2. Die Kalbsschnitzel mit dem Fleischklopfer dünn klopfen, mit Salz und Pfeffer würzen. Die Oberseiten mit Senf bestreichen und die Bauchspeckscheiben darauf verteilen. Das Kalbsbrät gleichmäßig über diesen verstreichen. Die Kalbsschnitzel zu Rouladen aufrollen und mit Rouladennadeln fixieren oder mit Küchengarn umwickeln.

3. Den Blumenkohl putzen, in Röschen teilen. In einem Topf mit kochendem Salzwasser, dem der Saft der Zitrone und die ausgepresste Zitrone beigefügt wurden, bissfest weich kochen. Die fertig gegarten Blumenkohlröschen mit etwas zerlassener Butter beträufeln und salzen. Im Backofen bei 80 °C warm stellen.

4. In einer Pfanne die Butter kurz aufschäumen lassen, die Semmelbrösel hinzufügen und etwas anrösten. Mit Salz leicht würzen und in der Pfanne bis zur weiteren Verwendung zur Seite stellen.

Über dem Fleisch und dem Senf bildet das Brät den Abschluss.

Nadeln halten die Rouladen zusammen.

Mit Zitrone im Kochwasser verfärben sich die hellen Blumenkohlröschen nicht.

Die Zubereitung der Kalbsvögel nimmt einige Zeit in Anspruch, dafür sind die Beilagen unkompliziert.

5. Parallel dazu in einem größeren Topf mit heißem Rapsöl die Rouladen von allen Seiten scharf anbraten, anschließend aus dem Topf nehmen. Im Bratansatz die Zwiebelwürfel anschwitzen, mit Weißwein ablöschen und den Kalbsfond, die Lauch- und Karottenwürfel hinzufügen. Die Soße aufkochen lassen, die Rouladen hineinlegen und ca. 15–20 Min. bei kleiner Flamme köcheln lassen. Rouladen dabei immer mal wieder wenden.

6. Die Bandnudeln in einem großen Topf mit kochendem Salzwasser bissfest weich kochen. Mit kaltem Wasser ganz kurz abschrecken. 2 EL Butter in einer großen Pfanne erhitzen, die gekochten Bandnudeln hinzufügen und ca. 1 Min. auf kleiner Flamme schwenken. Salzen und bis zur weiteren Verwendung ebenfalls im Backofen warm stellen.

7. Die Sahne und den Schmand in einem passenden Gefäß mit dem Schneebesen verrühren. Die fertigen Kalbsvögel aus dem Topf nehmen und im Backofen bei 80 °C warm stellen. Das Sahne-Schmand-Gemisch und die Kapern zur Soße geben, verrühren und aufkochen lassen. Mit etwas Speisestärke eine leichte Bindung geben und mit Salz, Pfeffer und Zucker abschmecken.

8. Die Semmelbrösel-Schmälze nochmals erwärmen und darin die Blumenkohlröschen kurz schwenken. Bandnudeln und Kalbsvögel aus dem Backofen holen, die Nudeln noch mit etwas gehackter Petersilie bestreuen. Zusammen mit der Soße und den Blumenkohlröschen anrichten.

Das Schwäbisch-Hällische Landschwein

Das Schwäbisch-Hällische Landschwein, liebevoll „Mohrenköpfle“ genannt, ist eine alte hohenlohische Schweinerasse, die vom Aussterben bedroht war: Sie brachte zu wenig Gewicht auf die Waage und hatte zu viel Fett auf dem Leib. Anfang der 1980er-Jahre gab es gerade mal noch einen Eber und sieben Sauen auf den Höfen rund um Wolpertshausen bei Schwäbisch Hall. Der Landwirt Rudolf Bühler nahm sich der schwindenden Schweinerasse an und gründete 1986 die Bäuerliche Erzeugergemeinschaft Schwäbisch Hall. Heute sind auf die Zucht dieser robusten Rasse rund 1500 Hohenloher Bauern spezialisiert, die die Tiere artgerecht füttern und halten. Das Fleisch ist besonders schmackhaft und saftig und wird vom Verbrauchermagazin „Ökotest“ mit „sehr gut“ bewertet. Das Ziel dieses bäuerlichen Zusammenschlusses ist unverändert: gesunde Lebensmittel in Verantwortung für Natur und Kreatur zum Wohl der heimischen Verbraucherinnen und Verbraucher herzustellen.

Auf Beschluss der EU-Kommission ist Schwäbisch-Hällisches Qualitätsschweinefleisch seit 1998 als geschützte geografische Angabe (g.g.A.) in das Register der geografischen Bezeichnungen mit besonderer Qualität eingetragen.

Paniertes Kotelett

vom Schwäbisch-Hällischen Landschwein

Zutaten für 4 Personen:

- 2 Eier
- 30 ml eiskaltes Wasser
- 3 EL Mehl
- 200 g feine Semmelbrösel
- 4 Koteletts
- Salz
- Pfeffer aus der Mühle
- Butterschmalz zum Ausbacken
- 4 Zitronen-Ecken

Tipp

Ein Kartoffelsalat dazu passt hervorragend, aber auch eine gemischte Salatplatte oder Blattsalate schmecken lecker zum Kotelett. (Rezept siehe S. 76)

In dieser Reihenfolge wird paniert: Mehl, Ei, Semmelbrösel.

Zubereitung

1. Die Eier mit dem Wasser in einem großen Teller gut verquirlen. Mehl und Semmelbrösel ebenfalls jeweils auf einen großen flachen Teller geben.

2. Die Koteletts mit Salz und Pfeffer aus der Mühle würzen und wie nachfolgend angegeben panieren:

3. Die Fleischstücke zunächst einzeln im Mehl wenden, dieses etwas abklopfen, dann die Koteletts durch das Ei-Wasser-Gemisch ziehen und abtropfen lassen. Zum Schluss in den Semmelbröseln wenden und diese ganz leicht andrücken.

4. Parallel dazu in einer großen Pfanne Butterschmalz erhitzen, allerdings nicht zu heiß werden lassen

5. Darin die panierten Koteletts von beiden Seiten langsam backen. Mit den Zitronen-Ecken servieren.

Goldbraun und knusprig, so soll das Kotelett sein.

Rehmedaillon
Baden-Baden

mit Spätzle und Blaukraut

Zutaten für 4 Personen:

Für das Blaukraut
(am Vortag zubereiten):
- 1 kg Blaukraut
- 2 Zwiebeln
- 3 Äpfel
- 2 Zimtstangen
- 4 Wacholderbeeren
- 2 Lorbeerblätter
- 3 Nelken
- 1 Spritzer Rotweinessig oder normaler Essig
- 500 ml Gemüsebrühe
- 125 ml trockener Rotwein
- 200 g Johannisbeergelee
- ca. 15–20 g Speisestärke
- Salz
- Pfeffer aus der Mühle

Für die Soße zu den Rehmedaillons
(am Vortag zubereiten):
- 1/2 Sellerieknolle
- 2 Karotten
- 1 Lauchstange
- Rapsöl
- 2 kg Wildknochen, klein gehackt
- 2 gehäufte EL Tomatenmark
- 2 l Gemüsebrühe
- 250 ml trockener Rotwein
- Salz
- 1/2 TL getrockneter Thymian
- 1 Zweigle Rosmarin
- 2 Lorbeerblätter
- 5 Wacholderbeeren
- Pfeffer aus der Mühle
- 1 Prise Zucker
- Speisestärke

Für die Rehmedaillons:
- 600–800 g Rehrücken ohne Knochen
- Salz
- Pfeffer aus der Mühle
- Rapsöl
- 4 Zweige frischer Oregano

Für die Garnitur:
- 2 Birnen
- 2 EL Zucker
- 2 Stück Sternanis
- 1 Zimtstange
- 3 Nelken
- Saft von 1 Zitrone
- 4 gehäufte EL Preiselbeeren

Für die Spätzle:
- 500 g Mehl
- 6 Eier
- Salz
- 1 EL Butter
- 4 EL Semmelbrösel

Die vielen Gewürze im Blaukraut duften schon bei der Zubereitung.

Zubereitung Blaukraut

Am Vortag:

1. Das Blaukraut putzen, vom Strunk befreien und fein hobeln. Die Zwiebeln schälen und in Streifen schneiden. Die Äpfel vom Kerngehäuse befreien, schälen und in Streifen schneiden.

2. Blaukraut in ein passendes Gefäß geben, alle Zutaten außer der Speisestärke hinzufügen, gut vermengen und ca. 30 Min. ziehen lassen. Das marinierte Gemüse in einem Topf ca. 45 Min. bei geschlossenem Deckel auf kleiner Flamme kochen lassen.

3. Dann die Speisestärke mit wenig kaltem Wasser anrühren und das Blaukraut damit binden. Mit Salz und Pfeffer abschmecken, Zimt, Wacholderbeeren, Lorbeerblätter und Nelken entnehmen.

4. Das fertige Blaukraut auskühlen lassen und bis zum Kochtag mit geschlossenem Deckel im Kühlschrank aufbewahren.

Zubereitung Soße zu den Rehmedaillons

Am Vortag:

1. Den Sellerie schälen und in Würfel schneiden. Die Karotten schälen, die Lauchstange putzen und waschen und jeweils in Scheiben schneiden.

2. In einem großen Bräter mit heißem Rapsöl die Wildknochen von allen Seiten dunkelbraun anbraten. Das Tomatenmark hinzufügen und mit anbraten lassen, bis eine dunkelbraune Farbe entstanden ist.

3. Anschließend mit 500 ml Gemüsebrühe und dem Rotwein ablöschen. Etwas salzen, Thymian, Rosmarin, Lorbeerblätter und Wacholderbeeren hinzufügen und auf kleiner Flamme köcheln lassen, bis fast alle Flüssigkeit eingekocht ist.

4. Dann wieder 500 ml Gemüsebrühe hinzufügen und wie vorher einkochen lassen. Diesen Schritt noch einmal wiederholen. Vor dem letzten Aufguss die Selleriewürfel, Karotten- und Lauchscheiben in einer heißen Pfanne mit Rapsöl von allen Seiten dunkelbraun anrösten. Diese zusammen mit der restlichen Gemüsebrühe in den Bräter geben und mitkochen lassen.

5. Bei allen Kochschritten immer wieder rühren und den Kochansatz mit einem Schaber vom Topfboden lösen. Nach etwa 2 Stdn. Kochzeit sollten ca. 750 ml fertiger Soßenfond übrig sein. Diesen durch ein feines Haarsieb in einen Topf seihen.

6. Die Soße mit Salz, Pfeffer und Zucker würzen und mit etwas Speisestärke leicht binden. Auskühlen lassen und bei geschlossenem Deckel bis zum Kochtag kühl stellen.

Zubereitung Spätzle

1. Für die Spätzle das Mehl mit den Eiern, Salz und ganz wenig Wasser zu einem Teig verarbeiten. Den Teig so lange schlagen, bis er ganz glatt ist und Blasen wirft.

2. Einen größeren Topf mit Salzwasser zum Kochen bringen. Anschließend von Hand Spätzle ins Salzwasser schaben oder aber eine Spätzlemaschine dazu verwenden.

3. Wenn die Spätzle oben schwimmen, mit dem Schaumlöffel herausheben. Die fertigen Spätzle bis zur weiteren Verwendung warm stellen. Butter in einer Pfanne aufschäumen lassen und darin die Semmelbrösel leicht rösten. Die Pfanne zur Seite stellen.

Spätzle adeln jedes Menü, auch an Festtagen gehören sie dazu.

Ein wahrer Augen- und Gaumenschmaus

Zubereitung Rehmedaillons

1. Die Birnen schälen und der Länge nach halbieren, in einen Topf geben und mit Wasser bedecken. Zucker, Sternanis, Zimtstange, Nelken und Zitronensaft hinzufügen.

Birnen mit würziger Note

Die Birnenhälften auf kleiner Flamme bissfest kochen. Aus dem Kochsud nehmen und mit einem Teelöffel das Kerngehäuse ausheben. Mit Preiselbeeren füllen und beiseite stellen.

2. Das Blaukraut aufwärmen, die am Vortag hergestellte Wildsoße erhitzen, beides eventuell nachwürzen und nachbinden, dann warm stellen.

3. Nach dem Servieren der Vorspeise den Backofen auf 180 °C vorheizen. Den Rehrücken salzen und pfeffern, anschließend in einer heißen Pfanne mit Rapsöl von beiden Seiten rasch anbraten. Den Braten auf ein Backblech setzen und für 15 Min. in den Backofen stellen. Dann den Rehrücken herausnehmen, in Alufolie einwickeln und 10 Min. ruhen lassen. In der Zwischenzeit die Butterbrösel erwärmen. Den Rehrücken mit einem Messer in 12 Medaillons aufteilen und mit Blaukraut, gefüllten Birnenhälften, Spätzle, Butterbröseln sowie der Soße anrichten. Mit Oreganozweigen garniert servieren.

Badischer Hecht auf Wurzelgemüse

mit Weißwein und Kartoffeln

Zutaten für 4 Personen:

- 12 mittelgroße Kartoffeln, festkochend
- 2–3 mittelgroße Karotten
- 1 kleine Sellerieknolle
- 1 Lauchstange
- 1 Biozitrone
- 2 Lorbeerblätter
- 3 Wacholderbeeren
- 500 ml trockener Weißwein
- Gemüsebrühe
- Salz
- Pfeffer aus der Mühle
- 1 Hecht, ca. 1500 g schwer, küchenfertig
- 8–12 Butterflocken
- 1 kleiner Bund glatte Petersilie

Nach einer Dreiviertelstunde Garzeit kommt ein delikates, nicht alltägliches Gericht auf den Tisch.

Zubereitung

1. Kartoffeln, Karotten und Sellerieknolle schälen und in Würfel schneiden. Die Lauchstange putzen und in Scheiben schneiden. Alles zusammen auf einem tiefen Backblech gut verteilen. Die gewaschene Zitrone in dicke Scheiben schneiden.

2. Lorbeerblätter, Wacholderbeeren und 3 dicke Zitronenscheiben darauf verteilen, den Weißwein zugießen. Anschließend mit Gemüsebrühe auffüllen, bis alles Wurzelgemüse und die Kartoffelwürfel mit Flüssigkeit bedeckt sind. Salzen und mit Pfeffer würzen. Den Backofen auf 180 °C vorheizen.

3. Den küchenfertigen Hecht innen und außen mit Salz und Pfeffer würzen und auf das Wurzelgemüsebett setzen. Das Backblech in den Ofen schieben und ca. 45 Min. bei 180 °C backen.

4. 10 Min. vor Ende der Garzeit die Butterflocken auf den Hecht und das Gemüse geben, fertig backen. In der Zwischenzeit die Petersilie klein hacken.

5. Ist der Hecht durchgegart und das Wurzelgemüse bissfest weich, das Backblech aus dem Ofen nehmen. Den Hecht in Portionen aufteilen und mit dem Wurzelgemüse auf Tellern anrichten. Zum Schluss mit der gehackten Petersilie bestreuen.

Schwarzwälder *Forelle* gebraten

an Schwetzinger Spargel mit Sauce hollandaise
und badischen Kratzete

Zutaten für 4 Personen:

Für die Forellen:
- 4 fangfrische, mittelgroße, ausgenommene, küchenfertige Forellen aus dem Schwarzwald
- Salz
- Pfeffer aus der Mühle
- 1/2 Bund glatte Petersilie
- 4 EL Butter
- etwa 3 EL Mehl
- Rapsöl zum Braten
- 1 Zitrone

Für den Spargel:
- 1 kg grüner Spargel
- Salz
- 1 Prise Zucker

Für die Sauce hollandaise:
- 2 Schalotten
- 300 ml trockener Weißwein
- 1 Lorbeerblatt
- 8 Pfefferkörner
- 250 g Butter
- 3 Eigelb
- etwas Zitronensaft
- Salz
- weißer Pfeffer aus der Mühle

Für die Kratzete:
- 250 ml kalte Milch
- 170 g Mehl
- 4 Eigelb
- 2 EL lauwarme flüssige Butter
- Salz
- 4 Eiweiß
- Rapsöl oder Butterschmalz

Eine würzige Reduktion ...

... einige technische Kniffe ...

... und die Hollandaise ist kein Hexenwerk!

Zubereitung

1. Zuerst für die Sauce hollandaise eine Reduktion herstellen: Die Schalotten schälen und vierteln. Zusammen mit dem Weißwein, dem Lorbeerblatt und den Pfefferkörnern in einem Topf bis auf 100 ml einkochen lassen. Die fertige Reduktion durch ein Haarsieb seihen und bis zur weiteren Verwendung handwarm halten.

Die Butter in einem Topf unter ständigem Köcheln bei nicht zu starker Hitze klären lassen. Hat sich die Molke vom Butterfett getrennt, den Topf vom Herd nehmen und die Flüssigkeit durch ein mit Küchenkrepp ausgelegtes Haarsieb seihen. Die geklärte Butter zur Seite stellen und handwarm halten.

2. Für die Kratzete in einer Schüssel die kalte Milch mit dem gesiebten Mehl glatt rühren, dann die Eigelbe und die lauwarme flüssige Butter unterrühren und salzen. Den Teig ca. 15 Min. bei Zimmertemperatur quellen lassen.

3. Den Spargel waschen und die holzigen Enden großzügig abschneiden. Salzwasser mit etwas Zucker in einem Spargel- oder sonstigen geeigneten Topf bereitstellen und schon bis kurz vor dem Siedepunkt erhitzen.

4. Die Forellen von beiden Seiten salzen und pfeffern. Petersilie waschen und klein hacken. Die Butter in einem Topf aufschäumen lassen, die gehackte Petersilie einrühren und bis zur weiteren Verwendung beiseitestellen.

5. Den Backofen auf 80–100 °C vorheizen. Für die Kratzete die Eiweiße zu Schnee schlagen und diesen unter den bereits hergestellten Kratzete-Grundteig heben. In eine Pfanne mit etwas heißem Rapsöl

Unter den Teig gehobener Eischnee ...

... macht die Kratzete luftig ...

... und lecker!

Die fangfrischen Forellen ...

oder Butterschmalz den Teig jeweils etwa fingerdick eingießen und von beiden Seiten nicht zu dunkel backen. Die fertigen Pfannkuchen mit zwei Gabeln zu Kratzete zerreißen. Diese im Backofen warm halten.

6. Für die Hollandaise die Eigelbe in einem Rührgefäß, das in einem nicht zu heißen Wasserbad steht (max. 80 °C), mit dem Schneebesen schaumig schlagen. Achtung: Das Eigelb nicht zu stark erhitzen, sonst stockt es zu Rührei und kann nicht mehr für die Sauce hollandaise verwendet werden.

Nun die geklärte, handwarme Butter in dünnen Fäden ganz langsam, damit die Soße nicht gerinnt, und unter ständigem Rühren mit dem Schneebesen dazugeben. Zwischendurch immer wieder etwas von der Reduktion einrühren. Insgesamt sollten max. 50 ml der Reduktion hinzugefügt werden. Die fertige Sauce hollandaise mit einem Spritzer Zitronensaft, etwas weißem Pfeffer und Salz abschmecken und in einem Wasserbad von max. 65 °C warm stellen.

7. Die vorbereiteten Forellen von beiden Seiten durch das Mehl ziehen, das überschüssige Mehl gut abschütteln. In einer großen, nicht zu heißen Pfanne mit Rapsöl die Forellen von beiden Seiten braten.

Parallel dazu den Spargel in den bereitgestellten Topf mit kochendem Wasser geben und je nach Dicke der Spargelstangen 12–15 Min. kochen lassen, sie sollten noch bissfest sein. Den gegarten Spargel vorsichtig aus dem Topf holen und etwas abtropfen lassen. Die bereitstehende Petersilienbutter nochmals kurz erwärmen.

8. Die frisch gebratenen Forellen, Spargel, Sauce hollandaise und Kratzete anrichten und mit Zitronenachteln garnieren. Zum Schluss die Forellen mit der Petersilienbutter beträufeln.

... werden mit Mehl umhüllt.

Der Spargel gart in 12–15 Min.

Hollandaise: Königin der Soßen

Tipps zum Thema Spargel

Tipp 1: Weißer Spargel, mit dem das Gericht auch zubereitet werden kann, muss natürlich geschält und das holzige Ende muss ebenfalls entfernt werden. Den Spargel in einem Spargeltopf mit Salzwasser, drei dickeren Zitronenscheiben sowie einer Prise Zucker 15 bis 20 Minuten, je nach Dicke der Spargelstangen, bissfest kochen.

Tipp 2: Bei grünem Spargel keine Zitrone beim Kochvorgang verwenden. Die Zitronensäure bleicht den Spargel aus und er verliert dadurch seine schöne Farbe.

Tipp 3: Das von weißem Spargel Geschälte nicht wegwerfen, daraus lässt sich eine hervorragende Suppe zubereiten: Zusammen mit einigen Spargelstangen in etwas Salzwasser kochen, bis die Stangen weich sind. Die Schalen entfernen, die Hälfte der Spargelstangen aus dem Topf nehmen. Den Spargel in der Kochflüssigkeit mit dem Mixstab pürieren, mit Sahne und Eigelb legieren und mit Salz, Pfeffer und etwas Zitronensaft abschmecken. Die Spargelstangen mundgerecht schneiden und zur Suppe geben. Mit Schnittlauchröllchen oder fein gehacktem Bärlauch bestreuen.

Tipps für die Zubereitung einer Sauce hollandaise

Tipp 1: Die Butter für die Sauce hollandaise muss man nicht unbedingt klären. Mit geklärter Butter hergestellt sieht die fertige Hollandaise optisch jedoch etwas feiner aus.

Tipp 2: Sollte die Sauce hollandaise einmal gerinnen, dann ist das kein Problem. Einfach ein frisches Eigelb in einem Rührgefäß, das im nicht zu heißen Wasserbad (höchstens 80 °C) steht, mit dem Schneebesen schaumig schlagen. Die geronnene Mischung ganz langsam in dünnen Fäden und in zeitlichen Abständen einrühren.

Geräuchertes Schwarzwälder Forellenfilet

mit grünem Spargel, Buttersoße und Kartoffeln

Zutaten für 4 Personen:

- 1,3 kg kleinere festkochende Kartoffeln
- 30 g Butter
- Salz
- 1 kg grüner Spargel (oder weißer Spargel, dann aber die Menge erhöhen)
- 4 geräucherte Forellenfilets aus dem Schwarzwald
- 1/2 Bund glatte Petersilie

Für die Buttersoße:

- 2–3 Schalotten
- 1 Bund Schnittlauch
- Rapsöl
- trockener Weißwein
- 250 ml Gemüsebrühe
- 100 g eiskalte Butterflocken
- Salz
- Pfeffer aus der Mühle

Tipps zum Rezept

Tipp 1: Es empfiehlt sich, außer für Püree Kartoffeln immer mit der Schale zu kochen. Sie schützt beim Kochvorgang, somit dringt auch weniger Kochwasser in die Kartoffeln ein.

Tipp 2: Nicht nur Schnittlauch, auch andere gehackte Kräuter wie Estragon, Dill, Basilikum oder Sauerampfer passen sehr gut in die Buttersoße.

Tipp 3: Wem die Buttersoße zu kompliziert ist: Zerlassene Butter mit etwas Salz gewürzt schmeckt auch sehr gut zum Spargel.

Zwei, drei Schalotten geben der Soße eine feine Würze.

Mit dem Schaumlöffel lässt sich der Spargel gut aus dem Kochwasser fischen.

Leicht erwärmt schmecken die geräucherten Forellenfilets besonders gut.

Zubereitung

1. Die Kartoffeln mit Schale in einem Topf mit Salzwasser aufsetzen und weich kochen. Anschließend schälen und in einer nicht zu heißen Pfanne in der zerlassenen Butter schwenken. Salzen und warm stellen.

2. Für die Buttersoße die Schalotten schälen und in kleine Würfel, den gewaschenen Schnittlauch in Röllchen schneiden. In einem Topf etwas Rapsöl erhitzen. Die Schalottenwürfel darin anschwitzen, mit einem Schuss Weißwein ablöschen und die Gemüsebrühe dazugießen. Einmal aufkochen, dann den Topf etwas abkühlen lassen. Anschließend die eiskalten Butterflocken unterrühren, bis eine homogene Masse entstanden ist. Wenn nötig noch etwas Butter unterrühren. Mit Salz und Pfeffer würzen. Achtung: Die Soße darf nicht mehr zu stark erhitzt werden, sonst gerinnt sie. Am besten arbeitet man mit ihr, wenn sie lauwarm ist. Die Schnittlauchröllchen unterrühren und die Soße bei etwa 65 °C warm stellen.

3. Den Backofen auf 150 °C vorheizen. Den grünen Spargel putzen, 2–3 cm von den Enden abschneiden; wird weißer Spargel verwendet, diesen schälen. Spargel in Salzwasser bissfest garen.

4. Die geräucherten Forellenfilets auf ein Backblech setzen und etwa 10 Min. im Backofen erwärmen.

5. Die gewaschene Petersilie hacken und unter die Kartoffeln heben. Zusammen mit Forellenfilets, Spargel und Buttersoße auf vier vorgewärmten Tellern anrichten und servieren.

Petersilienkartoffeln – einfach, aber köstlich

Nuschplenger
Gausnescht

Nusplinger Gänsenest

Zutaten für 4 Personen

- 500 g Kartoffeln
- Milch
- Salz
- etwas Muskatnuss, frisch gerieben
- 500 g Sauerkraut (am besten am Vortag kochen)
- etwas Schweinefett
- 3 Zwiebeln
- etwas Mehl
- 150–200 g Butter

Für die Spätzle:

- 500g Mehl
- 4–5 Eier
- Salz

Zubereitung

1. Für die Spätzle das Mehl mit den Eiern, Salz und ganz wenig Wasser zu einem Teig verarbeiten. Den Teig so lange schlagen, bis er ganz glatt ist und Blasen wirft.

2. Einen größeren Topf mit Salzwasser zum Kochen bringen. Anschließend von Hand Spätzle ins Salzwasser schaben oder aber eine Spätzlemaschine dazu verwenden.

3. Wenn die Spätzle oben schwimmen, mit dem Schaumlöffel herausheben und in heißes Wasser legen.

4. Die Kartoffeln schälen, in Würfel schneiden und kochen. Daraus ein Kartoffelpüree mit Milch, Salz und etwas Muskatnuss schön cremig zubereiten.

5. Währenddessen das Sauerkraut in etwas Schweinefett anbraten. Die Spätzle in einem Sieb abtropfen lassen und den Backofen auf 160 °C vorheizen.

6. In eine große Auflaufform nun wie folgt schichten: Spätzle, Püree, Kraut, Spätzle, Püree, Kraut usw. Die letzte Schicht sollten Spätzle sein. Im vorgeheizten Backofen warmstellen.

7. Die Zwiebeln in Ringe schneiden und mit etwas Mehl bestäuben. In der Butter schön braun und knusprig anbraten. Die Zwiebelschmälze über das geschichtete Gausnescht geben und servieren.

Abwechselnd kommen Spätzle, Püree und Sauerkraut in die Form.

Süßes *und* Fruchtiges

Älbler Ofenschlupfer

mit Zwetschgenkompott
aus dem Backofen

Zutaten für 4–6 Personen:

Für das Zwetschgenkompott:
- 1 kg reife Zwetschgen
- 250 ml Wasser
- Zucker oder Puderzucker
- Zimt, gemahlen (nach Geschmack)

Für den Ofenschlupfer:
- Rosinen (Menge nach Geschmack)
- 125 ml Apfelsaft
- 1 mittelgroßer Hefezopf, am besten vom Vortag und ohne Verpackung trocken gelagert
- 3–4 Äpfel
- etwas Zitronensaft
- 2 Vanilleschoten
- 700 ml Milch
- 6 Eier
- Zucker
- 1 Prise Salz
- 2 EL Butter für die Form
- Zimt, gemahlen (nach Geschmack)
- 6–8 Butterflöckchen zum Backen
- etwas Puderzucker

Reife Früchte ergeben ein leckeres Kompott.

Zucker und Zimt verfeinern die Zwetschgen.

Den in Scheiben geschnittenen Hefezopf …

Zubereitung

1. Die Zwetschgen waschen, entsteinen und in eine feuerfeste Form schichten. Dann das Wasser angießen, mit Zucker und Zimt obenauf bestreuen. Anschließend die Zwetschgen im vorgeheizten Backofen bei 180 °C etwa 40–60 Min., je nach Reifegrad der Früchte, backen. Immer wieder kontrollieren, damit die Zwetschgen nicht anbrennen. Falls sie dunkel werden, die Form mit einem Deckel oder Backpapier abdecken. Anschließend das fertige Zwetschgenkompott aus dem Backofen nehmen und bis zur weiteren Verwendung abgedeckt beiseitestellen.

2. Die Rosinen für den Ofenschlupfer im Apfelsaft einlegen und 15 Min. ziehen lassen, anschließend abseihen und die Rosinen bis zur weiteren Verwendung zur Seite stellen. Den Hefezopf in nicht zu dicke Scheiben schneiden. Die Äpfel schälen, vom Kerngehäuse befreien, ebenfalls in nicht zu dicke Scheiben schneiden und mit Zitronensaft marinieren. Vanilleschoten längs aufschneiden und das Mark herauskratzen. Die Milch zusammen mit den Eiern, dem Vanillemark, Zucker und einer Prise Salz kräftig mit dem Schneebesen verquirlen.

Im Backofen gegart schmecken die Zwetschgen besonders fruchtig.

... mit Äpfeln, Rosinen, Zucker und Zimt einschichten ...

... mit Butterflöckchen krönen ...

... und vor dem Servieren mit Puderzucker bestreuen. Fertig!

3. Eine hitzefeste Auflaufform mit Butter großzügig ausstreichen. Den Boden der Form mit einer Lage Hefezopfscheiben auslegen. Darauf Apfelscheiben verteilen und mit einigen Rosinen, Zucker und Zimt bestreuen. In dieser Reihenfolge Lage für Lage schichten, bis alle Zutaten für den Ofenschlupfer aufgebraucht sind. Den Abschluss bildet eine Lage Hefezopfscheiben.

4. Die Eiermilch nochmals kräftig mit dem Schneebesen verquirlen, dann nach und nach über die eingeschichtete Hefezopf-Apfel-Masse gießen. Zwischendurch kurz warten, damit sich die Eiermilch gleichmäßig verteilen kann. Die Masse etwa 15 Min. durchziehen lassen. Butterflöckchen darauf verteilen, die Form in den vorgeheizten Backofen stellen und den Ofenschlupfer bei 175 °C in etwa 40–60 Min., je nach Höhe des Auflaufs, backen.

5. Wer das Zwetschgenkompott warm servieren möchte, schiebt es 10 Min. vor Ende der Backzeit des Ofenschlupfers zu diesem in den Backofen. Den fertigen Ofenschlupfer mit Puderzucker bestreuen und mit dem Zwetschgenkompott servieren.

Ein Essen für große und kleiner Leckermäuler

Tipps zum Rezept

Tipp 1: Selbstverständlich können für den Ofenschlupfer auch Brötchen vom Vortag verwendet werden. Doch mit Hefezopf zubereitet schmeckt der Auflauf wesentlich feiner. Lecker wird er auch, wenn man Zwieback nimmt.

Tipp 2: Anstatt mit Äpfeln kann der Ofenschlupfer auch einmal mit Beeren oder anderen Früchten, je nach Saison, zubereitet werden, was ebenfalls hervorragend schmeckt. Dazu passt am besten (anstelle des Zwetschgenkompotts) eine Vanillesoße.

Tipp 3: Im Rezept ist eine Prise Salz als Zutat zur Eiermilch angegeben. Hierbei handelt es sich um keinen Schreibfehler. Etwas Salz hebt bei den meisten Süßspeisen den Geschmack.

Tipp 4: Verfeinert wird der Ofenschlupfer mit Mandelsplittern oder gehackten Walnüssen. Sie werden etwa zehn Minuten vor Ablauf der Backzeit auf den Auflauf gestreut und mitgebacken. Aber Vorsicht, Nüsse verbrennen sehr schnell.

Tipp 5: Wenn keine Kinder mitessen und das Zwetschgenkompott etwas mehr Pfiff haben soll, so kann man nach der halben Backzeit zur Zwetschgenmasse einen kräftigen Schuss Zwetschgenwasser hinzufügen.

Tipp 6: Das Zwetschgenkompott kann schon einige Stunden vor dem Essen zubereiten werden. Es schmeckt auch kalt, empfehlenswert ist jedoch die lauwarme Variante.

Alemannischer Bettelmann

Zutaten für 4 Personen:

- Rosinen (nach Geschmack)
- 250 ml trockener Weißwein zum Marinieren der Rosinen
- 300 g getrocknetes Schwarzbrot
- 250 ml trockener Weißwein für den Auflauf
- 250 ml Wasser
- 1 Prise Nelkenpulver
- 1,5 kg Äpfel
- Zucker (nach Geschmack)
- Zimt, gemahlen (nach Geschmack)
- Puderzucker

Zubereitung

1. Die Rosinen in Weißwein marinieren, am besten über Nacht.

2. Den Backofen auf 200 °C vorheizen. Das getrocknete Schwarzbrot reiben. Den Weißwein für den Auflauf, das Wasser und Nelkenpulver in einem Gefäß mischen, das geriebene Schwarzbrot dazugeben und vermengen.

3. Marinierte Rosinen abseihen. Die Äpfel vierteln, vom Kerngehäuse befreien, je nach Wunsch auch schälen, in Spalten schneiden und eine erste Lage in eine Auflaufform einschichten. Mit Zucker, Zimt und Rosinen bestreuen. Darauf eine Lage Wein-Schwarzbrot-Gemisch verteilen. Dann wieder eine Schicht Apfelspalten legen, ebenfalls mit Zucker, Zimt und Rosinen bestreuen und damit so lange fortfahren, bis die Zutaten aufgebraucht sind. Mit einer Lage Apfelspalten obenauf abschließen.

4. Die Auflaufform in den heißen Backofen stellen und etwa 50 Min. backen. Anschließend den Auflauf bei ausgeschaltetem Backofen und geöffneter Ofentüre noch ca. 20 Min. durchziehen lassen. Vor dem Servieren mit etwas Puderzucker bestreuen.

Leicht beschwipst – marinierte Rosinen

Schicht für Schicht nimmt der Auflauf an leckeren Zutaten und Volumen zu.

Owener

Kirschmichel

mit Vanillesoße

Streuobstwiesen

Die Streuobstwiesen zwischen Alb und Neckar, vor allem entlang des Albtraufs, bilden mit rund 26 000 Hektar eine der größten zusammenhängenden Streuobstlandschaften Europas. Rund 1,5 Millionen Obstbäume sind zu jeder Jahreszeit ein besonderer Genuss: Im Frühling zeigt sich ein unbeschreibliches zartrosa-weißes Blütenmeer und das Summen der Bienen und anderer bedrohter Insektenarten erfüllt die Luft. Im Sommer hängen die Bäume voller Kirschen. Im Herbst reifen Äpfel, Birnen und Zwetschgen heran und ergeben ein buntes Bild der Fülle in Herrgotts reichem Obstgarten. Und im Winter haben die schneebedeckten Wiesen mit ihren Baumgerippen einen besonders herben Charme.

Diese jahrhundertealte Landschaft ist ein besonderer Kulturschatz und verfügt über eine enorme Vielzahl an kleinen Brennereien und Mostereien, Lehrpfaden, Obstfesten, spannenden Museen, eine große Sortenvielfalt und vieles mehr.

Die Streuobstwiesen prägen unsere Landschaft und erfüllen dabei wichtige ökonomische, ökologische und soziale Funktionen: Sie sind Lebensraum für über 5000 Tier- und Pflanzenarten, Naherholungsgebiet für Jung und Alt und Ursprung vielfältiger Qualitätsprodukte. Wer also regionales Obst von Streuobstwiesen isst oder trinkt, schützt diese einzigartige Kulturlandschaft.

Zutaten für 4 Personen:

Für den Kirschmichel:

- 450 ml Milch
- 250 g Hefezopf oder über Nacht getrocknetes Weißbrot
- 4 große Eier
- 1 Biozitrone
- 130 g Butter mit Zimmertemperatur
- 190 g Zucker
- 1 Prise Salz
- 900 g Süßkirschen, entkernt
- 4 EL Mandelblättchen
- einige Butterflocken
- Puderzucker
- einige Minzeblätter

Für die Vanillesoße:

- 2 Vanilleschoten
- 200 ml Sahne
- 200 ml Milch
- Zucker (nach Geschmack)
- 1 Prise Salz
- 4 Eigelb von großen Eiern
- 1 TL Speisestärke

Markiges aus der Vanilleschote ...

... für die schaumige Soße

Süßkirschen als Herzstück der „Resteverwertung" von Hefezopf oder Weißbrot

Zubereitung

1. Den Backofen auf 180 °C vorheizen. Milch lauwarm erhitzen. Hefezopf bzw. Weißbrot in Scheiben schneiden, diese in ein flaches Gefäß legen. Die Milch über die Scheiben gießen.

2. Die Eier aufschlagen und trennen. Die Eiweiße steif schlagen und bis zur weiteren Verwendung kühl stellen. Zitrone waschen, abtrocknen und etwas Schale abreiben. Die Eigelbe mit 110 g Butter, Zucker, Salz und ein wenig Zitronenabrieb schaumig weiß schlagen.

3. Eine Auflaufform mit der restlichen Butter ausstreichen. Die schaumig geschlagene Eigelb-Butter-Masse mit den in Milch eingeweichten Hefezopf-/Weißbrot-Scheiben vermengen. Vorsichtig den Eischnee unterheben. Dann abwechselnd eine Schicht Hefezopf-Masse, eine Schicht entkernte Kirschen in die Auflaufform geben, und so fortfahren, bis alles aufgebraucht ist; mit einer Schicht Hefezopf-Masse beginnen und abschließen. Den Auflauf im Backofen 50–60 Min. backen. Droht die obere Schicht zu dunkel zu werden, mit einem Backblech abdecken. Den Auflauf in den letzten 10 Min. der Backzeit mit Mandelblättchen und Butterflocken bestreuen und ohne Abdeckung fertig backen.

4. Während der Kirschmichel bäckt, die Vanillesoße herstellen: Vanilleschoten der Länge nach aufschneiden, Vanillemark herauskratzen. Mark, Schoten, Sahne und Milch zusammen mit etwas Zucker und Salz aufkochen und zur Seite stellen. Nach 5 Min. die Vanilleschoten entnehmen.

5. Die Eigelbe mit Zucker schaumig dick aufschlagen. Die Speisestärke gründlich unterrühren. Dann die noch warme Sahne-Milch-Mischung unter ständigem Rühren mit einem Schneebesen hinzufügen.

6. Die Masse in einen Topf füllen und vorsichtig im heißen Wasserbad bei kleiner Hitze anziehen lassen, dabei ständig rühren. Vorsicht, die Soße darf nicht mehr kochen. Bis zur weiteren Verwendung warm stellen.

7. Den fertigen Kirschmichel aus dem Backofen holen. Portionieren, auf vier Teller verteilen, mit Puderzucker bestreuen und mit etwas Minze schön garnieren. Zusammen mit der Vanillesoße servieren.

Fast zu schön, um ihn zu verspeisen: der Kirschmichel

Gebackene Apfelküchle

mit Apfelsirup und Zimtparfait

Zutaten:

Für das Zimtparfait (am Vortag zubereiten):

- **1 Vanilleschote**
- **2 ganze Eier**
- **3 Eigelb**
- **1 Prise Salz**
- **Zimt, gemahlen**
- **60 g Puderzucker**
- **180 ml Sahne**

Für die Apfelküchle:

- **125 g Mehl**
- **2 Eier**
- **Zucker**
- **1 Prise Salz**
- **125–250 ml Milch**
- **2 Äpfel**
- **Zitronensaft**
- **Butterschmalz**
- **6 EL Apfelsirup**
- **2 EL gehackte Walnüsse**
- **Puderzucker**
- **Minzeblätter und gemahlener Zimt zum Garnieren**

Zubereitung

Am Vortag:

Vanilleschote aufschlitzen und das Mark herauskratzen. Die Eier mit den Eigelben, Vanillemark, Salz, Zimt und dem Puderzucker in einem geeigneten Gefäß über dem heißen Wasserbad bei max. 80 °C dickschaumig aufschlagen. Das Gefäß aus dem Wasserbad nehmen und die Masse weiterschlagen, bis sie erkaltet ist. Die Sahne steif schlagen und vorsichtig unterheben. Die Parfaitmasse in vier dekorative Behältnisse füllen (zum Beispiel Einweckgläschen) und über Nacht in den Gefrierschrank stellen.

1. Für die Apfelküchle Mehl, Eier, Zucker, Salz und Milch mit einem Schneebesen gut verrühren. Sollte die Masse zu dünn sein, noch etwas Mehl einrühren. 10 Min. ruhen lassen.

2. Jetzt das Zimtparfait aus dem Gefrierschrank holen und bei Zimmertemperatur antauen lassen. Beim Servieren sollte es nur mehr zu zwei Drittel gefroren sein.

3. Die Äpfel vom Kerngehäuse befreien, schälen und in fingerdicke Scheiben schneiden, mit etwas Zitronensaft marinieren. In einer heißen Pfanne Butterschmalz erhitzen, die Apfelscheiben durch den vorbereiteten Teig ziehen und beidseitig knusprig ausbacken.

4. Die Apfelküchle auf vier Tellern verteilen, mit Apfelsirup beträufeln und den gehackten Walnüssen bestreuen. Puderzucker darüberstreuen, mit dem Zimtparfait anrichten und mit Minze und Zimt garnieren.

Baaremer Nonnenfürzle

mit Vanillesoße

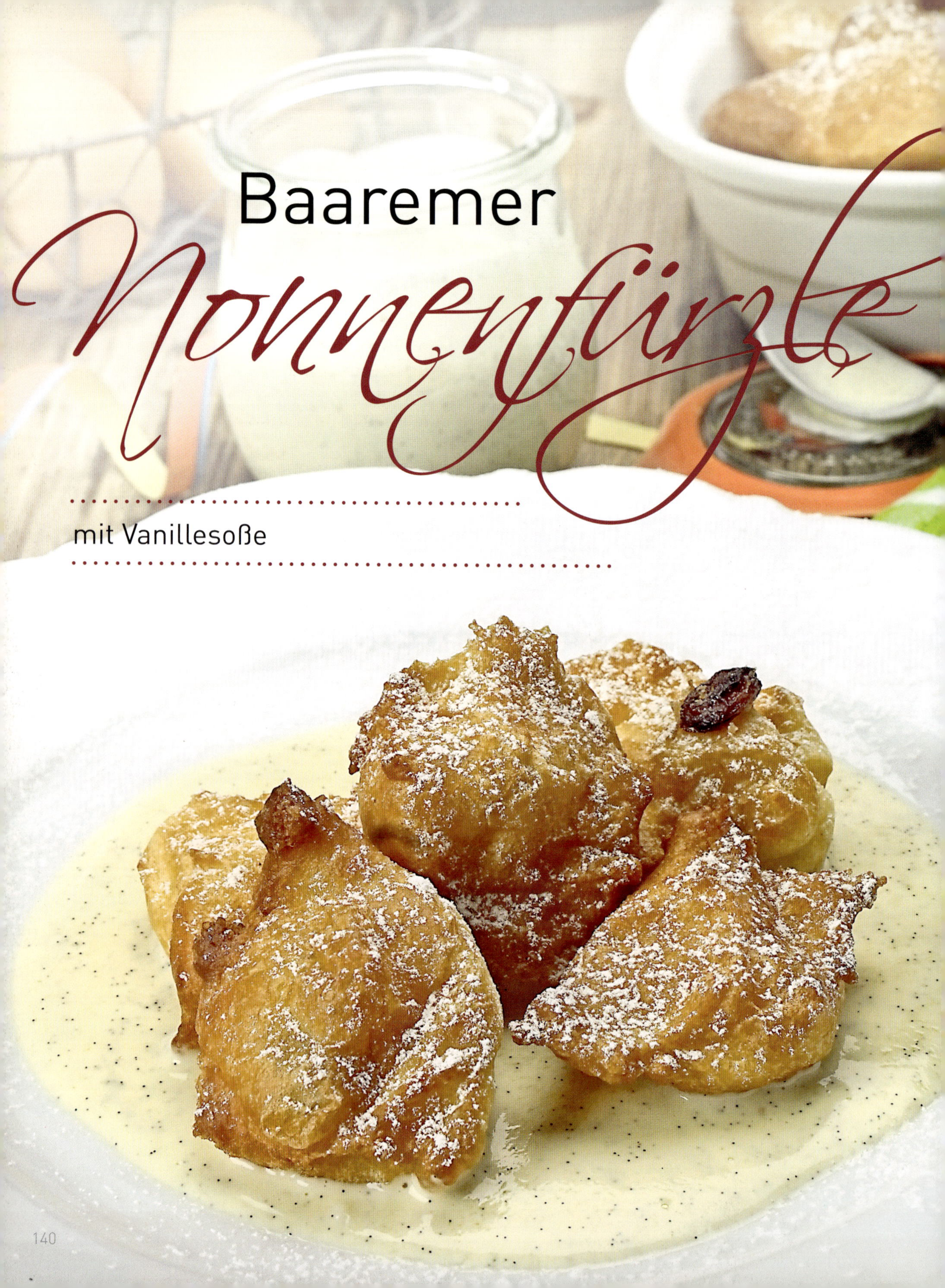

Zutaten für 4–6 Personen:

Für die Nonnenfürzle:

- 500 g Mehl
- 35 g Hefe
- 125 ml Milch
- 1 Prise Zucker
- 4 große Eier
- 125 ml Sahne
- 1/2 Biozitrone
- 80 g Zucker
- Rosinen nach Geschmack
- 1 Prise Salz
- 70 g Butter
- Raps- oder Sonnenblumenöl zum Ausbacken
- Puderzucker zum Bestreuen

Für die Vanillesoße:

- 2 Vanilleschoten
- 600 ml Milch
- 400 ml Sahne
- 1 Prise Salz
- Zucker nach Geschmack
- 8 Eigelb von großen Eiern
- 1 EL Speisestärke

Woher kommt der Name Nonnenfürzle?

Sie sind klein, rund und luftig und werden in heißem Fett, früher gerne in Schmalz, ausgebacken. Dick mit Zucker bestreut sind die kleinen Hefe- oder Brandteigkrapfen vor allem auf der württembergisch-badischen Baar ein beliebtes Gebäck zur Faschings- und Fastenzeit. Der Name geht auf den mittelalterlichen Ausdruck „nunnekenfurt“ zurück, was so viel bedeutet wie „von den Nonnen am besten zubereitet“. Im Laufe der Jahre hat es sich zum populäreren „Nonnenfürzle“ verschliffen.

In der Mehlmulde ruht der Vorteig.

Der fertige Teig bekommt viel Zeit zum Gehen.

Im heißen Öl färbt sich das Gebäck goldbraun.

Zubereitung

1. Das Mehl in eine passende Schüssel geben, dann eine Mulde formen. Die Hefe in ein kleines Gefäß bröseln, etwas von der lauwarmen Milch und die Prise Zucker hinzufügen und gut verrühren. Die Hefe-Milch-Mischung langsam unter ständigem Rühren in die Mulde gießen und mit etwas Mehl in der Schüssel einen Vorteig herstellen. Anschließend zugedeckt 40 Min. ruhen lassen.

2. In einem passenden Gefäß die Eier verquirlen, die restliche Milch sowie die Sahne hinzufügen. Zitronenschale abreiben und zusammen mit Zucker, Rosinen und einer Prise Salz unterrühren.

3. Den Vorteig mit dem restlichen Mehl, dann mit der Eier-Sahne-Milch zu einem geschmeidigen Hefeteig kneten. Zum Schluss nach und nach in kurzen Abständen die flüssige lauwarme Butter unterheben. Den Hefeteig weitere 40 Min. gehen lassen.

4. Für die Vanillesoße die Vanilleschoten aufschlitzen und das Mark auskratzen. Milch und Sahne mit Salz, Zucker, Vanillemark und -schoten einmal aufkochen lassen. Dann den Topf von der Herdfläche nehmen und die Vanilleschoten entfernen.

5. Die Eigelbe mit der Speisestärke glatt rühren und zu der Milch-Sahne-Mischung geben. Unter ständigem Rühren ganz kurz einmal aufkochen lassen, dann den Topf sofort vom Herd nehmen. Die Soße gleich in einen anderen Topf umfüllen, damit sie sich nicht am Topfboden festsetzen kann, dabei ein Sieb verwenden. Die fertige Vanillesoße bei max. 80 °C warm stellen.

6. Zum Ausbacken der Nonnenfürzle in eine Pfanne 5–7 cm hoch Raps- oder Sonnenblumenöl gießen und erhitzen. Vom Hefeteig mit einem kleinen Löffel Portionen abstechen und diese im heißen Fett von beiden Seiten goldbraun ausbacken.

7. Das fertige Gebäck mit Puderzucker bestreuen und mit der warmen Vanillesoße anrichten.

Ein Tipp des Küchenchefs: ein Lorbeerblatt in der Vanillesoße

Tipps zum Rezept

Tipp 1: Das Fett, in diesem Fall die Butter, immer erst zum Schluss zum Hefeteig hinzufügen und nie direkt mit der Hefe in Verbindung bringen. Sonst kann es passieren, dass der Teig nicht aufgeht.

Tipp 2: Versuchen Sie einmal, die Vanillesoße mit einem kleinen Lorbeerblatt zuzubereiten. Es darf nur ganz kurz mit aufkochen, um die Soße etwas zu parfümieren, dann muss es sofort wieder entfernt werden. Das Lorbeerblatt hebt den Geschmack einer Vanillesoße enorm, Sie werden sehen.

Tipp 3: Wenn Sie eine noch cremigere Vanillesoße möchten, dann reduzieren Sie den Milchanteil und gleichen diesen mit mehr Sahne aus.

Strauben

mit Beerenragout

Striiwili, Sträuble, Striebli, Strieble, Strübli – eine alemannische Leckerei

Zutaten für ca. 4 Personen als Hauptmahlzeit:

Für die Strauben:
- 50 g Butter
- 3 Eier, Größe XL
- 1 Prise Salz
- 250 g Mehl
- 350 ml Milch
- etwas Zucker (nach Geschmack)
- Öl, hoch erhitzbar (z. B. Sonnenblumenöl) zum Ausbacken
- Puderzucker zum Bestreuen
- Strauben- oder Küchentrichter

Für das Beerenragout:
- 500 g gemischte Beeren nach Saison
- 2–3 EL Zucker
- Saft von 1 Zitrone
- 1 kleiner Bund frische Minze

Gemischte Beeren für fruchtige Frische

Butter, Eier, Milch und Mehl sind die Grundzutaten des Straubenteigs.

Zubereitung

1. Die Beeren putzen und waschen, größere Beeren in kleine Stücke schneiden und in einem passenden Gefäß mit Zucker und Zitronensaft vermengen. Die Minzeblätter waschen, mit einem Messer grob hacken und ebenfalls unter die Beeren mischen. Das Beerenragout bis zur weiteren Verwendung zugedeckt ziehen lassen.

2. Für die Strauben die Butter in einem Topf flüssig, aber nicht zu heiß werden lassen.

3. Die Eier trennen und das Eiweiß mit etwas Salz steif schlagen und zur Seite stellen. Mehl in eine Schüssel geben.

4. Milch zur flüssigen Butter gießen und lauwarm erhitzen, dann in das Mehl einrühren. Anschließend das Eigelb unterheben und die Masse glattrühren. Wer möchte, kann das Ganze noch mit etwas Zucker süßen. Den Teig 15 Min. ruhen lassen.

Minzeblätter geben dem Beerenragout den besonderen Pep.

Eischnee für ein lockeres Gebäck

Die bizarre Form der Strauben entsteht, indem der Teig durch ein Gefäß mit Öffnung ins Öl läuft.

5. Eine passende Pfanne bereitstellen, ca. 5 cm hoch Öl einfüllen und erhitzen. Aber Vorsicht: Das Öl darf nicht zu stark erhitzt werden, es darf nicht rauchen!

6. Nun den Eischnee vorsichtig unter den Straubenteig heben. Etwas von dem fertigen Teig in einen Strauben- oder einen normalen Küchentrichter füllen (oder ein anderes Gefäß mit engerer Ausflussöffnung verwenden).

7. Den Teig portionsweise ganz langsam durch den Trichter kreisförmig in das heiße Fett laufen lassen. Wenn die Unterseite des Gebäcks eine bräunliche Farbe angenommen hat, die Strauben umdrehen. Sind beide Seiten fertig gebacken, die Strauben aus dem Fett nehmen und auf Küchenkrepp abtropfen lassen. Die fertigen Strauben im Backofen bei ca. 100 °C warm stellen, bis der Teig aufgebraucht und ausgebacken ist.

8. Die Strauben mit Puderzucker bestreuen und mit dem Beerenragout servieren.

Heiß und fettig – und unglaublich gut!

Tipps zum Rezept

Tipp 1: Mehle haben eine unterschiedliche Bindungskraft. Sollte der Straubenteig zu dick geraten sein, etwas Milch hinzufügen. Erscheint Ihnen der Teig zu dünn, dann noch etwas Mehl unterrühren.

Tipp 2: Die Strauben schmecken auch sehr lecker als Salzgebäck. Dann lässt man den Zucker ganz weg und erhöht die Salzzugabe.

Tipp 3: Auch ein Schuss Kirschwasser oder trockener Weißwein im Teig ergibt einen wundervollen Geschmack. Das passt sowohl zur süßen als auch zur herzhaften Variante.

Tipp 4: Im Herbst und Winter passt auch eine Prise Zimt sehr gut in den süßen Teig. Serviert mit Preiselbeerkonfitüre an kalten Tagen, ist das eine willkommene Abwechslung. Zu den süßen Strauben mit Beerenragout noch geschlagene Sahne reichen – eine etwas gehaltvollere Variation.

Tipp 5: Wer für die Zubereitung der Strauben einen speziellen Straubentrichter kaufen möchte, wird im Internet oder im Spezialfachhandel fündig. Es genügt aber auch ein ganz normaler Küchentrichter oder eine Flasche mit einem nicht zu dicken Flaschenhals.

Tipp 6: Übrig gebliebene Strauben schmecken auch am nächsten Tag noch gut. Einfach im Backofen bei ca. 180 °C aufwärmen.

Langenburger *Apfel-* Wibele-Auflauf

Geduldszeltlich

Die Wibele sind ein feines Dessertgebäck aus dem hohenlohischen Städtchen Langenburg. Sie sollen 1763 durch den damaligen Hofkonditor beim Fürst von Hohenlohe-Langeburg, Jakob Christian Carl Wibel, erstmals als „Geduldszeltlich" hergestellt worden sein. Das Gebäck erinnert ein bisschen an Russisch Brot, wird allerdings nur hellbraun in Form einer Schuhsohle gebacken. Erst nach 1800, also immerhin schon seit über 200 Jahren, wird die Leckerei nach seinem Erfinder „Wibele" genannt. Seit sieben Generationen stellt das Langenburger Café Bauer als einzige Firma „Echte Wibele" her.

Zutaten für 4 Personen:

- 4 Eier
- 250 ml Milch
- 125 ml Sahne
- 3 EL Honig
- 40 g Zucker
- Vanillemark von 2 Vanilleschoten oder Vanillezucker
- 1 Prise Salz
- Butter für die Auflaufform
- 250–300 g Wibele
- 3 Äpfel
- Zimt, gemahlen
- Puderzucker zum Bestreuen

Zubereitung

1. Eier, Milch, Sahne, Honig, Zucker, Vanillemark oder Vanillezucker und Salz gut verquirlen.

2. Eine Auflaufform mit Butter ausstreichen und die Wibele hineingeben. Den Backofen auf 180–200 °C vorheizen.

3. Die gewaschenen, ungeschälten Äpfel vom Kerngehäuse befreien und in Scheiben schneiden. Auf die Wibele legen und mit Zimt bestreuen.

4. Zum Schluss das Milch-Sahne-Eier-Gemisch darauf verteilen.

5. Im vorgeheizten Backofen etwa 50 Min. backen.

6. Nach dem Backvorgang den Auflauf mit Puderzucker bestreuen und noch warm genießen.

Wibele, eine besondere Spezialität aus dem Ländle, bilden die Basis.

Milch, Eier und Sahne geben dem Auflauf Halt.

Und schließlich gibt's kein Halten mehr ...

Echterdinger Kaiserküchle

mit einem süßen Zimtrotwein

Das Kaiserküchle

Dieses traditionelle Echterdinger Karfreitagsessen wurde am Gründonnerstagabend vorbereitet, dann eingeweicht und am nächsten Mittag verzehrt. Wöchnerinnen bekamen Kaiserküchle zur Kräftigung.

Zutaten für eine Gugelhupf-Form:

- 6 Wecken
- etwas Milch zum Einweichen der Brötchen
- 100 g Butter
- 6 Eigelb
- 125 g Zucker
- 1 TL Zimt
- 100 g Zibeben (Rosinen)
- Abrieb von 1/2 Zitrone
- 6 Eiweiß
- Butter für die Form
- geschälte Mandeln zum Spicken des Kuchens

Für den Zimtrotwein:

- 500 ml Lemberger
- Zucker (nach Geschmack)
- Zimt, gemahlen

Schön schaumig soll der Teig sein, bevor ...

... er mit den weiteren leckeren Zutaten ...

... wie Zibeben und Zitronenabrieb vermischt wird.

Zubereitung

1. Die Wecken in Scheiben schneiden, in ein passendes Gefäß geben und mit kalter Milch übergießen. Einweichen lassen.

2. Die Butter mit einem Rührgerät schaumig schlagen. Die Eigelbe und den Zucker nach und nach hinzufügen und mitschlagen.

3. Die eingeweichten Brötchen etwas ausdrücken, mit Zimt, Zibeben und Zitronenabrieb vermischen. Die geschlagene Butter-Eigelb-Masse hinzufügen und alles gut verrühren. Backofen auf 175 °C vorheizen.

4. Die Eiweiße zu Schnee schlagen und vorsichtig unter die Masse heben. Diese in eine gebutterte Gugelhupf-Form geben. In den heißen Backofen schieben und etwa 45–60 Min. backen.

5. Anschließend aus dem Backofen nehmen, etwas abkühlen lassen. Aus der Form nehmen und ringsum mit geschälten Mandeln spicken.

6. Den Rotwein erhitzen und mit Zucker und Zimt abschmecken. Etwas Zimtrotwein in einen Kuchenteller gießen, ein Stück Kuchen, also ein Kaiserküchle hineinsetzen und servieren.

Eischnee gibt den gewichtigen Zutaten Leichtigkeit ...

... und nun kommt der Teig in eine Top-Form.

Der Kuchen, pur schon fein, wird mit Zimtrotwein zum Gedicht.

Bodensee-Bratapfel

mit Vanillesoße

Apfelländle

Die Frucht des Apfelbaumes ist wohl das älteste heimische Obst und lässt sich in Europa bis in die Jungsteinzeit, etwa 2500 v. Chr. nachweisen, wie Funde aus den Pfahlbauten Oberschwabens zeigen. Kaum eine andere Frucht hat die Geschichte der Menschheit so geprägt wie der vitalstoffreiche Apfel. Zum Ende des 19. Jahrhunderts erlebte der Obstbau im Land einen kräftigen Aufschwung. Die Reblaus wurde im Jahr 1860 aus Nordamerika eingeschleppt und stürzte den Weinbau in eine ernste Krise und viele Weinberge wurden zu Obstwiesen umfunktioniert. Erst jetzt avancierte der Most zum schwäbischen Nationalgetränk, das man durchaus auch Kindern reichte.

In der Apfelstatistik nimmt Baden-Württemberg unbestritten den ersten Rang in deutschen Landen ein. Auf 180 000 Hektar – das sind 30 Prozent der deutschen Gesamtanbaufläche – erwirtschaften die badischen und schwäbischen Obstbauern mit rund 35 Millionen Streu- und Marktobstbäumen je nach Ernte zwischen 40 und 60 Prozent der gesamten bundesdeutschen Apfelernte. Das sind im Schnitt 1,6 Millionen Tonnen. Rund 33 Kilogramm verzehrt jeder von uns jährlich. Traditionell besteht in Baden-Württemberg ein umfangreicher und weit verbreiteter Streu- und Gartenobstanbau. Aus diesem Bereich kommen rund 70 Prozent der Äpfel. Der Marktobstanbau konzentriert sich auf die klimatisch begünstigten Regionen am Bodensee, im Oberrheintal und im Neckarbecken. Die Stars der knackigen Vitaminbomben sind die Sorten Jonagold, Elstar und Golden Delicious.

Zutaten für 4 Personen:

Für die Bratäpfel:

- 2 EL Rosinen
- etwas Apfelsaft zum Einlegen der Rosinen
- 60 g Butter
- 1 Zitrone
- 2 Toastscheiben
- 2 EL Mandeln, gehackt
- 2 EL Walnüsse, gehackt
- 1 TL Zimt
- 3 EL Honig
- 1 Prise Salz
- Fett für die Backform
- 4 große Äpfel
- gehackte Mandeln und Walnüsse sowie Minzeblätter zum Garnieren

Für die Vanillesoße:

- 2 Vanilleschoten
- 200 ml Sahne
- 200 ml Milch
- Zucker (nach Geschmack)
- 1 Prise Salz
- 4 Eigelb
- 1 TL Speisestärke

Das Fleisch der ausgehöhlten Äpfel ...

... kommt ebenfalls zur Füllung.

Flüssige Butter macht die Füllmasse geschmeidig.

Zubereitung

1. Rosinen im Apfelsaft einweichen, Butter schmelzen lassen, die Zitrone auspressen. Die Toastscheiben toasten, von der Rinde befreien und in kleine Würfel schneiden. Diese in ein passendes Gefäß geben und mit den gehackten Mandeln und Walnüssen, den ausgedrückten Rosinen, Zimt, flüssiger Butter, Zitronensaft, Honig und Salz gut vermischen. Die Füllmasse 10 Min. ziehen lassen. Den Backofen auf 175 °C vorheizen. Eine geeignete Backform für die Äpfel fetten.

2. Die Äpfel am oberen Drittel mit dem Stiel quer durchschneiden. Dann jeden Apfel aushöhlen. Das Kerngehäuse wegwerfen, den Rest des Apfelfleisches klein hacken und mit der Füllmasse vermengen. Die ausgehöhlten Früchte damit füllen, die Deckel aufsetzen und die Äpfel in die gefettete Backform geben. Im Backofen etwa 40–50 Min., je nach Größe der Äpfel, backen.

3. Für die Vanillesoße die Vanilleschoten halbieren und das Mark herauskratzen. Sahne und Milch zusammen mit dem Vanillemark samt Schoten, etwas Zucker und Salz aufkochen und zur Seite stellen. Nach 5 Min. die Vanilleschoten entnehmen. Die Eigelbe mit Zucker dick schaumig aufschlagen. Die Speisestärke gründlich unterrühren, dann die noch warme Sahne-Milch-Mischung unter ständigem Rühren mit einem Schneebesen hinzufügen. Die Masse in einem Topf vorsichtig bei kleiner Hitze und unter ständigem Rühren anziehen lassen. Vorsicht, die Soße darf nicht mehr kochen.

4. Die Bratäpfel zusammen mit der Vanillesoße anrichten. Zum Schluss gehackte Walnüsse und Mandeln über das Gericht streuen und mit etwas Minze garnieren.

Naschkatzen müssen jetzt stark sein!

Deckel drauf und ab in den Backofen!

Der fertige Bratapfel nimmt ein Bad in Vanillesoße.

Bildnachweis

Die Fotos wurden von Johannes Guggenberger für die Zeitschrift Mein Ländle aufgenommen.

Weitere Bilder von
Fotolia: Seite 1, 8, 9, 12, 16, 20, 23, 25, 28, 29, 32, 34, 35, 38, 41, 42, 45, 47, 50, 53, 54, 57, 59, 62, 66, 69, 72, 79, 82, 85, 88, 94, 100, 104, 105, 110, 120, 123, 124, 125, 128, 136, 139, 143, 146, 149, 151, 154, 158, Umschlag
Wager Archiv: Seite 16, 20, 23, 28, 29, 32, 50, 53, 62, 66, 72, 76, 79, 82, 100, 114, 117, 120, 123, 125, 133, 139, 154, 158
Jörg Batschi: Seite 25, 27, 35, 42, 50, 62, 72, 82, 88, 94, 95, 96, 104, 120, 123, 124, 133
Alexander Linke: Seite 67, 149, 151
BESH: Seite 98
Umschlagklappe Johannes Guggenberger: Bilderschön Ludwigsburg, Wulf Wager: Jean-Claude Winkler
Titelfoto: Johannes Guggenberger

Impressum

Bibliografische Information der Deutschen Nationalbibliothek. Die Deutsche Nationalbibliothek verzeichnet diese Publikation in der Deutschen Nationalbibliografie; detaillierte bibliografische Daten sind im Internet über http://www.dnb.dnb.de abrufbar.

Redaktion: Wulf Wager, Dirk Zimmermann
Texte: Wulf Wager
Rezepte: Johannes Guggenberger
Gestaltung: Michaela Walz
Lektorat: Monika Bönisch
Produktion & Gestaltung:
WAGER Kommunikation GmbH, Altenriet
Gesamtherstellung: Print Consult, München

www.belser.de

FSC www.fsc.org MIX Papier aus verantwortungsvollen Quellen FSC® C084279

ISBN: 978-3-7630-2772-9